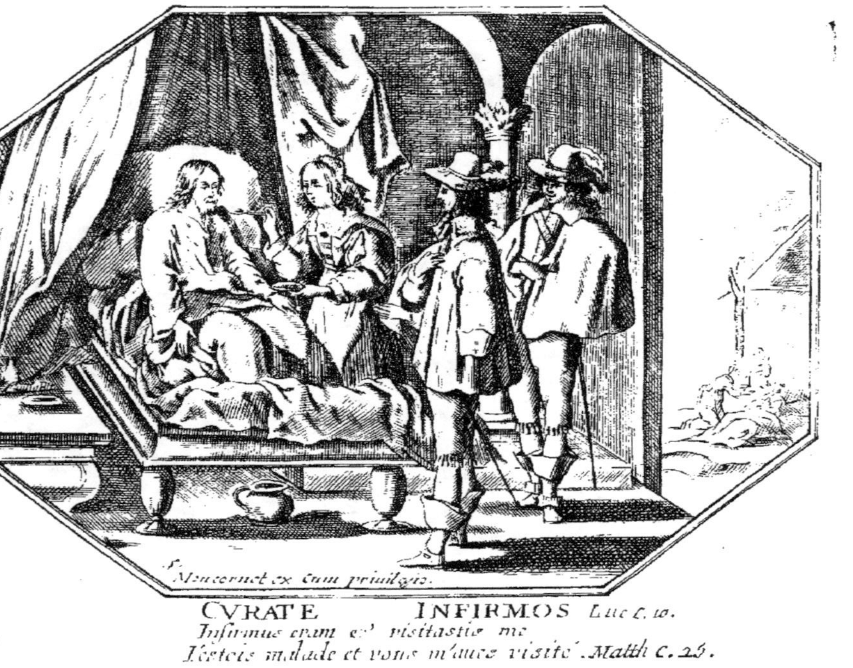

CVRATE INFIRMOS Luc c. 10.
Infirmus eram et visitastis me
J'estois malade et vous m'auez visité. Matth c. 25.

APPROBATIONS.

1. M. *Dacquin*, Premier Medecin du Roy les a approuvé par sa Lettre du 30 Septembre 1680. écrite à M. L'Advocat General des Pauvres. Voicy ses termes. *Ie connois la bonté des remedes des Pauvres ; je feray auprés du Roy, tout ce qui dépendra de moy, pour en procurer à toutes les Paroisses, & Hospitaux du Royaume, & contribueray en tout ce qui me sera possible, à l'execution de tous vos autres bons desseins, &c.*

2. M. *Chomel* l'un des 4. Medecins ordinaires du Roy, les approuve aussi, & en procure aux Pauvres, & leur en fait donner.

3. M. *Brunet* Medecin de l'Hospital Royal de Marseille le fait aussi. M. *Bigore*, Medecin d'Albi, ceux des Evesques de S. *Pons*, & d'*Agde*. M. *Guillotin*, Medecin à la Rochelle. M. *Cassabon*, Medecin à *PAU*. M. *Coüer* Medecin à l'Isle en Avignon. M. *Harivel*, à Vennes, tourmenté d'un rhumatisme, que ses Confreres n'avoient peu soulager. M. *L'Andoüillette au Mans*. M. *Le Faure*, Medecin de l'Hospital General à *Bourges* ; & tous les autres dénommez dans les Relations des cures cy aprés inserées.

4. IL EST A REMARQUER, que M. *de la Vie*, Premier Presi-dent du Parlement de *Pau*, qui est animé d'une charité admirable, fait donner de ces remedes, à tous les malades du dedans, & du dehors des Hospitaux du lieu, & asseure que cela diminuë le nombre des malades & des pauvres, & la dépense des Hospitaux, & des Confreries de la Charité de plus d'un tiers ; car les maladies un peu longues des Pauvres, ou la mort des Peres ou des Meres, reduit les enfans à la mendicité s'ils sont petits, qui sont à charge aux Hospitaux. Il asseure encore que cela produit des aumônes aux Hospitaux, & aux Confreries de la Charité qui en distribuent ; car les riches en envoyent querir pour leurs servi-teurs, & pour eux mesmes, quand leurs maladies resistent aux remedes ordi-naires.

TABLE
DU CONTENU EN CE LIVRE.

RELATIONS DES CVRES SVRPRENANTES FAITES par les remedes des Pauvres, avec le nom des maladies principales que ces remedes guerissent.

Et la façon de les distribuer, & de s'en servir pour guerir promtement toutes maladies.

MALADIES.

Que ces remedes guerissent, & la façon de traiter chaque maladie.

Fin de la Table.

Fautes d'Impreffion.

1. Dans la page 11. à la tefte du titre, lifez *Abbayes*, au lieu d'*Abbaffes*.

2. Aprés la page 46. lifez 47. au lieu de 27.

Les autres fautes font peu confiderables, ce qui precedera la faute & ce qui fuivra fera connoiftre ce que l'Autheur aura voulu dire.

CHAPITRE PREMIER.

Deliberation de l'Assemblée generale du Clergé de France, qui exhorte tous les Evesques du Royaume à établir dans leurs Paroisses la distribution des remedes pour les pauvres gens , *& leurs Bestiaux*, & les Confrairies de la Charité de S. Charles Boromée, composées de l'un & l'autre sexe, pour assister toute sorte de necessiteux. *Sains & malades, honteux ; Prisonniers, où il y en a, Heretiques convertis;* Et pour accorder les procez, & querelles, & empécher les Duels, suivant les saintes intentions du Roy.

Extrait du Procez verbal de l'Assemblée Generale du Clergé de France, tenuë à Pontoise au Convent des Cordeliers en 1670.

Du 17. Novembre à 8. heures du matin, Monseigneur l'Archevesque de Roüen President.

MONSEIGNEUR DE MEAUX a dit, qu'une compagnie pleine de charité, de Paris, luy avoit mis en main un petit Livre intitulé *l'Arbitre Charitable,* pour faciliter l'accord des procez & des querelles , *suivant l'Edit du Roy Henry IV. du 10. Mars 1610. & les Edits de Sa Majesté contre les Duels.* Que ce Livre avoit déja produit de tres bons effets, & qu'on en esperoit encore plus de fruit, s'il plaisoit à l'Assemblée de l'appuyer de son authorité: il a ajouté que la mesme compagnie procuroit des remedes pour les pauvres, qui avoient esté éprouvez en divers lieux avec succez, *suivant l'attestation de Messeigneurs les Prelats, qui en avoient pris pour leurs Dioceses.* L'Assemblée a loüé le zele & la charité de ladite compagnie, & l'a exhortée d'envoyer dans les provinces de ces Livrets de l'Arbitre Charitable, & de ces remedes, & a invité Messeigneurs les Evesques de l'Assemblée d'en emporter dans leurs Dioceses, & d'établir dans leurs Paroisses les Confrairies de la Charité de S. Charles Borromée.

Collationné par nous Secretaire de l'Assemblée, signé L'ABBE' DE L'ESSEINS.

NOTA. 1. Que ladite Compagnie de Paris , l'an 1671. envoya à tous les Evesques *gratuitement,* ce Livre de l'Arbitre Charitable, avec un paequet de remedes, & un Livre pour guerir les descentes de boyau des pauvres. Le tout fut adressé à Messieurs les Grands Vicaires.

NOTA. 2. Que ces Confrairies de la Charité de S. Charles Borromée, sont composées de l'un & l'autre sexe, qui assistent toutes sortes de necessiteux, *Mandians, Honteux, sains & malades, Prisonniers, Heretiques convertis,* Religieux qui vivent d'aumônes, *& travaillent à l'accord des procez & querelles ; Et empeschent les Duels.* Les Reglemens de ces Confrairies se vendent à Paris *chez Breche,* ruë S. Jacques , *& sur le Quay des Augustins,* au bon Pasteur. *Et l'Avocat General des Pauvres les donne gratuitement.*

NOTA. 3. Que feu M. Vincent, digne Fondateur des Missionnaires, qui avoit des entrailles de Pere pour toutes sortes de pauvres, a esté le premier qui a établi en France, l'an 1623. cette Confrairie de S. Charles, à *Macon:* N'ayant pas trouvé le mesme zele ailleurs, il ne put y établir que des Confrairies de Dames, qui ne prennent soin que des malades ; Mais la charité des Dames ayant excité celle des hommes, on a depuis étably celles de l'un & l'autre sexe en plus de mille & mille endroits, & on le fera par tout si tous les Missionnaires s'y veulent appliquer, comme l'Assemblée generale du Clergé cy-dessus les y convie en la personne de leurs Prelats.

B

EXTRAIT DV MANDEMENT DE MONSEIGNEVR l'Evefque de Meaux, qui ordonne à fes Curez d'établir dans leurs Paroiffes lefdites Confrairies de la Charité, & la diftribution des remedes pour les pauvres gens.

DOMINIQUE DE LIGNY, &c.

Les Pafteurs doivent procurer du pain aux pauvres à peine de damnation, *fi non pas viftis, occidiftis.* S Bernard ajoûte, le feul pain, fans les remedes, ne guerit pas, *difoit S. Chryfoftome,* & ne donne pas le moyen aux pauvres gens de gagner leur vie, qui tombent dans la mendicité faute de pouvoir travailler, & font à charge aux Hôpitaux; & partant on eft obligé de leur procurer des remedes, auffi bien que du pain, *à peine de damnation. J'ay efté malade, vous ne m'avez-pas affifté, allez maudits à tous les Diables.*

Un feul pacquet de ces remedes recommandez par l'Affemblée generale du Clergé, fuffira par an pour la plus grande Paroiffe, il y aura dequoy faire 3. à 400. medecines. Le pacquet ne coûte que 12. *francs,* avec le Livre qui en enfeigne l'ufage; & de plus il y a un bâton d'onguent divin.

Nous ordonnons aux Fabriques qui le pourront de payer ladite fomme, & diftribuer les remedes enfuite gratuitement à tous les Paroiffiens. Où la Fabrique fera pauvre, perfuadez en particulier, & en public dans vos Prônes, Sermons & Confeffions, que chacun contribuant de 2. liards ou d'un *fou* par an, on aura dequoy avoir un pacquet de ces remedes. Que dans toutes les Paroiffes il y a des Cabarets, & partant que les plus pauvres boivent quelquefois, & qu'ainfi il n'y a qu'à s'abftenir de quelque chopine de vin par an pour trouver ces 2. liards, ou un *fou* d'aumône, que vous irez recueillir par les maifons, avec les plus charitables de vos Parroiffiens, à la fin de la recolte. Auquel temps les moins accommodez ont quelque chofe, on peut faire fon aumône par argent, ou efpece, &c.

On donnera cela avec joye, *leur faifant comprendre qu'il n'y a point de famille, ou quelqu'un, ou quelque animal, ne tombe malade tous les ans, qu'on voudroit pouvoir guerir pour quelques fous.*

Pour fecourir toute forte de neceffiteux, vous établirez les Confrairies de la Charité de S. *Charles Boromée.* Ce faint Prelat en erigea dans toutes fes Paroiffes, les plus petites, & les plus pauvres, qui fubfiftent encore, qui ont produit de tres-grands biens, qui en produifent, & en produiront tandis que les Curez feront charitables, &c.

Dans le mois vous en envoyerez l'acte d'erection à noftre Secretaire, que nous avons commis pour Secretaire de l'Affemblée que nous avons érigée pour établir, maintenir, & augmenter ces Confraires, à l'exemple de S. Charles, &c.

REMEDES.

Pour les Pauvres gens, que le Roy a envoyez à M. l'Evesque de Treguyer.

MANDEMENT

De feu Monseigneur l'Evesque de Treguyer. fait l'an 1678.

Pour la distribution de ces remedes, que le Roy luy a envoyez, pour les Hospitaux Generaux qu'il a establis dans toutes les Villes de son Diocese.

Pour raison dequoy il ordonne, & pour en avoir au continu, qu'on priera Dieu tous les jours pour Sa Majesté, & qu'on publiera tous les ans sa Charité, dans les Panegyriques que les Hospitaux Generaux feront faire, le jour de leur Processions generales.

Pour en avoir, ils n'auront qu'à écrire. A M. Pellisson Maistre des Requestes, & Abbé, qui les distribuë de la part du Roy, aux Prelats Curez, & Hospitaux qui en demandent.

Ce Mandement fait voir, que les Ecclesiastiques sont obligez de procurer des remedes aux pauvres, à peine de *damnation*, & les distribuer eux-mesme, si d'autres ne le font, suivant la pratique de la primitive Eglise, & des Cathedrales, encore à present, de la Flandre Espagnole.

BALTAZAR GRANGIER par la misericorde de Dieu, & la grace du S. Siege Apostolique, Evesque & Comte de Treguyer, Conseiller du Roy en ses Conseils. A tous Recteurs, Vicaires & Curez de nostre Diocese, Salut & benediction en nostre Seigneur. Et à tous Messieurs les Directeurs des Hospitaux Generaux de nostre Evesché.

Nous avons sujet d'admirer l'étenduë de la vigilance avec laquelle le Roy pourvoit en mesme temps à la seureté des Peuples qui luy sont soûmis, & au soulagement des plus pauvres dans leurs maladies. Tout le monde sçait avec quelle ardeur Sa Majesté a desiré la paix pour le repos de la Chrestienté, & vous pouvez sçavoir comme ce grand ouvrage s'avance de jour en jour, puis que la paix a esté publiée à Paris entre la France & la Hollande, & qu'elle a esté signée à Nimegue par les Plenipotentiaires des Couronnes entre nous & l'Espagne; Ce qui nous fait esperer que bien-toft tout le Royaume jouïra d'une tranquillité publique, & que l'abondance des biens succedera aux incommoditez qu'a attiré aprés soy le fleau de la guerre. Mais une grande Ame, comme celle de nostre Invincible Monarque, ne se contente pas de s'appliquer aux projets sublimes, il a encore la bonté de descendre aux choses moins éclatantes pour le soulagement des plus pauvres de ses sujets par des remedes qui les peuvent guerir de toutes maladies curables, dont ils sont souvent attaquez dans le cours de la vie. Vous ferez aisément persuadez de ce que nous disons, quand vous sçaurez que sa Majesté a bien voulu qu'on nous ait envoyé de sa part 8. pacquets de pâtes medicinales & d'onguent divin, pour estre distribuez aux pauvres malades dans les quatre Hospitaux generaux, qui ont esté establis depuis un an dans les Villes de nostre Diocese; Nous les avons aussi receus avec un respect singulier, non seulement comme des effets de la bonté & tendresse de Sa Majesté pour ses Sujets affligez de maladies, mais encore comme des marques de la satisfaction qu'il a de voir la mendicité bannie des Villes de ce Diocese, & les Pauvres renfermez, instruits à la pieté, & aux manufactures dans les Hospitaux, qui par ses ordres y ont esté establis avec un succez merveilleux. Nous connoissons aussi par là, le soin que S. M. à de conserver la vie de ses Sujets, dont il sçait que la multitude & la force contribuent à la grandeur de sa gloire, & de ses conquestes.

Vn zelé Missionnaire dans le traité cy attaché qu'il a fait pour secourir les malades fait voir qu'il meurt tous les ans dans le Royaume, plus de cent mille pauvres gens, faute de remedes, quand il n'en mouroit que 2. par chaque Paroisse; qu'il languit plus de 100. milles personnes. Qu'il tombe dans la pauvreté plus de 100. mille familles, & meurt aussi tous les ans plus de 4. à 500. mille bestes à laine, & autres animaux dans le Royaume, faute de remedes prompts, asseurez & à peu de frais, comme ceux dont nous parlons; ce qui ruine un tres-grand nombre de personnes, qui ne peuvent payer les subsides deuës au Roy, ny les rentes deuës aux Seigneurs; ce qui surcharge leurs consorts & autres contribuables.

Il remarque encore qu'il meurt tous les ans, plus de 40. à 50. milles femmes, en travail d'Enfans, ou de maladie pendant leur couches; & les Enfans, souvent sans Baptesme, qui ne verront jamais Dieu, ce qui est le plus deplorable.

Ce qui n'arriveroit pas, si on avoit des remedes dont nous parlons dans toutes les Parroisses; Je vous en ay marqué la bonté autrefois, par mes Mandemens & dans mes visites. Je vous ay dit entr'autres choses, que dés l'an 1669. les Dames de la Charité de nostre Ville Episcopale, en donnerent en une semaine, à 24. pauvres malades de diverses maladies, dont 20. guerirent en 2. jours. Un vieillard entr'autres de 80. ans, qui avoit la fiévre quarte; & ces remedes ont depuis continué à faire les mesmes cures; ce qui est arrivé en beaucoup d'autres Dioceses, dont les Prelats, & moy l'ayant asseuré à l'Assemblée generale du Clergé de 1670. où j'avois l'honneur d'estre deputé; ladite Assemblée exhorta tous les Prelats du Royaume à establir la distribution de ces remedes dans toutes leurs Parroisses, suivant l'ancien usage de l'Eglise qui obligeoit les Ecclesiastiques à procurer des remedes aux pauvres gens, comme fait voir l'aumônier Medecin, & TRISTAN, *de Medico clerico* ET LE CARDINAL BARONIUS, qui compte 33. Prelats Canonizez; pour avoir procuré des remedes aux pauvres, & les avoir mesme distribué après leur promotion, n'y ayant que la Chyrurgie de defenduë, à cause de l'effusion du sang, comme il se voit par le CANON, *tua nos de sanguine.*

Les Prestres, & les Religieux dans la primitive Eglise ont enseigné, & exercé la Medecine, pendant 7. à 800. ans, pour faire administrer les Sacremens de bonne heure aux malades; Et suivant le Concordat *Article* 13 Les graduez en Medecine peuvent parvenir aux Benefices. *Et les Cathedrales de la Flandre Espagnole, font encore, distribuer des remedes par l'un de leurs Chanoines.*

A CES CAUSES, Nous desirons que vous entriez avec nous dans les charitables intentions de sa Majesté, & que nous cooperions ensemble à ce que tous les malades de vos Parroisses, soient soulagez par des remedes si excellens, que ceux dont est parlé cy-dessus, vous aurez soin d'exhorter les peuples qui vous sont commis de remercier Dieu du bon heur que nous avons de vivre sous la protection d'un Roy, qui aime si cherement la conservation de ses Sujets, & leur ferez connoistre l'obligation qu'ils ont non seulement de prier selon le grand Apostre pour toutes les Puissances qui sont élevées au dessus de nous, mais particulierement pour la personne sacrée du Roy, pour la Reine, Monseigneur le Dauphin & toute la Maison Royale, vous souvenant de les avertir souvent d'un si juste devoir dans vos Prônes, les exhortant de s'en acquiter non seulement pendant le Sacrifice de la Messe, à l'imitation des Ecclesiastiques qui ont coûtume dans l'étenduë de nostre Diocese de chanter le Pseaume *Exaudiat* pour le Roy, mais encore dans les Prieres qu'ils doivent faire tous les jours soir & matin, afin que demandant à Dieu la benediction du Ciel pour eux & leurs familles ils la demandent aussi pour la sacrée personne du Roy, & pour tout son Royaume.

Messieurs les Directeurs des Hospitaux Generaux de nostre Diocese, auront aussi le soin tous les ans le jour de leur Processions generales de faire faire le Panegyrique de sa Majesté, où il se fera mention de la charité qu'à sadite Majesté de donner des remedes à tous les Hospitaux de son Royaume.

Mais

Mais comme la dépenfe feroit immenfe, fi fa Majefté en fournilloit à toutes les Paroiffes & Hofpitaux de fes Eftats, qui font au nombre de 50. à 60. mille, perfuadez voftre Fabrice de les payer fi elle le peut, & je pafferay la fom me en compte. Si la Fabriceeft pauvre, perfuadez vos Paroifliens. en particulier, & dans vos Prônes, de donner chacun 2. liards, ou un fou par an, Cela fuffira pour avoir un paquet de ces remede; qui coute 12. livres, avec l'onguent divin qui eft merveilleux pour toutes fortes de playes. Dans ce pacquet il y aura de quoy faire 2. á 300. Medecines, qui fera affez pour la plus grande Paroiffe. Le prix des remedes eft imprimé dans le livre, on peut prendre le tout, ou une partie feulement.

Pour perfuader vos Paroifliens, faites leur voir qu'il n'y a point de familles, où quelqu'un ne tombe malade tous les ans, qu'on voudroit guerir promptement pour 2. liards, ou un fou, pour pouvoir travailler, & gagner fa vie; ce que ces remedes feront.

Et pour trouver ces 2. liards ou un fou, faites leur voir auffi, qu'il n'y a point de payfan, quelque pauvre qu'il foit, qui n'aille quelquefois au cabaret, & qu'ainfi, il n'y a qu'à fe priver de quelque chopine de vin par an, pour trouver ces 2. liards, ou ce fou d'aumône.

Au temps de la recolte, faites une quefte dans les maifons, avec les officiers de vos Confreries de la Charité, ou autres charitables; les plus pauvres ont lors quelque chofe, en argent ou efpece, prenez ce qu'on vous donnera.

Cependant, empruntez ces 2. livres, ou en faites l'avance fi vous pouvez, & les envoyez à nôtre Secretaire dans le mois, qui vous fera venir un pacquet de ces remedes; ou l'envoyez directement par la Pofte, ou le Meffager, à l'Advocat General des pauvres, à Paris, chez M. le Curé de faint Supplice, qui vous en fera avoir.

Tenez, ou faites tenir un journal des cures que feront ces remedes, pour me le montrer faifant mes vifites; & le publiez de 3. mois en 3. mois dans vos Prônes, pour en faire connoiftre la bonté, car plufieurs décrient les remedes nouveaux, & ceux cy patticulierement, parce qu'ils gueriffent promptement & à peu de frais.

Lifez auffi dans vos Prônes, avec ce Mandement, les relations des diverfes cures merveilleufes faites par ces remedes, dans les Hofpitaux & Paroiffes, où M. Pelliffon en a envoyé de la part du Roy. Arreftez-vous particulierement, à celles qui ont efté faites dans ce Diocefe depuis l'an 1669. comme il eft rapporté au *Chapitre* 2 du livre.

Dans le mefme livre on a cotté le nom de tout plein de Seigneurs de Paroiffes, Gentils-hommes, Abbez & autres, qui font diftribuer de ces remedes dans leurs maifons à tous ceux de leurs Paroiffes. Conviez les voftres d'en faire de mefme.

Il y eft parlé entr'autres, de ce charitable Marefchal de France, *M. de Belle-Fonds,* qui a écrit à M. Colbert Miniftre d'Eftat, pour l'exhorter à envoyer de ces remedes de la part de fa Majefté, aux lieux qu'il luy marquoit eftre accablez de maladies populaires.

Vous verrez auffi dans le livre, que ce digne Marefchal, depuis fix mois a fait diftribuer de ces remedes, pour 100. *livres,* & à mefme fait imprimer des billets qu'il fait donner avec ces remedes, pour apprendre comme il faut les bailler aux malades, & les conduire, vous n'autez qu'à faire faire une douzaine de copie de ces billets, & vous les faire rapporter.

Vous vifiterez tous les jours les malades qui feront proche de vous, & exhorterez les Seigneurs de vos Paroiffes, & autres qui le pourront, de contribuer pour avoir de ces remedes pour les pauvres.

Ne craignez point la pretendue irregularité, après les grands exemples cy-deffus alleguez, de ces Prelats Medecins canonifez par l'Eglife. Deux RR. PP. Capucins, compofent actuellement dans le Louvre, des remedes excellens, & les diftribuent au peuple de la part du Roy. Mais leurs remedes font des effences dans des fioles de verre, qui ne font pas propres pour les beftiaux; & une mefme effence n'eft pas pour toute forte de maladies. Et le verre fe peut caffer en le tranfportant. Au lieu que les remedes dont nous parlons, gueriffent toutes maladies curables, d'hommes, & d'animaux, & font folides, & ainfi je crois qu'ils font plus propres pour les Paroiffes éloignées de Paris.

Enfin, fouvenez-vous, que vous étes les Peres des pauvres, & obligez de leur procurer du pain & des remedes *à peine de damnation,* comme les Peres naturels font obligez d'en procurer à leurs Enfans, fuivant l'Evangile; *J'ay eu faim, j'ay efté malade, vous ne m'avez pas affifté, allez maudits, &c.* S. AMBROISE, *après* S. CHRYSOSTOME, *dit aux Pafteurs,* fi non pavifti, occidifti. *A plus forte raifon, fi vous ne procurez pas des remedes aux pauvres quand ils font malades; car le feul pain, ne les gue-*

rit pas. *Si vous le faites*, difoit ce S. Docteur, *vous gagnerez les ames de voftre trou-peau, tout le monde vous benira, vous aymera, vous honorera & vous comblera mefme de bienfaits temporels. Iefus-Chrift a toûjours commencé la guerifon des ames par celle des corps, quand ils eftoient malades. Il ouvrit les yeux du corps de l'aveugle nay, avant d'ouvrir les yeux de fon ame. Vn malade gueri d'une maladie douloureufe, a de l'eftime, de l'amitié, & de la confience en fon Medecin, c'eft pour cela que le peuple fuivoit en foule noftre adorable Sauveur, ce divin Medecin, quia curabat omnes, fanabat omnes. Il n'y a point de Chapi-tre dans l'Evangile, où il ne foit parlé des guerifons qu'il faifoit, & pour cela on voulut le faire Roy.*

Sachant que c'eftoit le moyen le plus affeuré pour gagner les ames, il ordonna à fes Apoftres, in quamcumque Civitatem intraveritis, curate infirmos, *Et S. Paul, loue S. Luc de ce qu'il exerçoit la Medecine. Pour la mefme raifon, comme j'ay dit, les Preftres & les Reli-gieux, ont enfeigné & pratiqué la Medecine gratuitement 7. à 800. ans, & le relâchement n'eft venu que fous pretexte du Canon qui defend la Chirurgie.*

Enfin, ce S. Docteur, & Evefque de Milan remarque, que ceux de Malthe regarderent S. Paul comme un Saint, quand ils virent qu'une Vipere l'avoit mordu & qu'il n'en mouroit pas, que neanmoins ils ne luy donnoient rien, quoy qu'ils le viffent fort pauvre, & avoir befoin de tout.

Mais, dés qu'il eut guery leurs malades, qu'ils luy baillerent de tout en abondance.

Ie fçay, mes tres chers freres, que je ne dois pas vous exciter par l'efperance des recom-penfes temporelles, à prendre foin des pauvres de voftre troupeau, mais par l'efperance de ces recompenfes eternelles qui font promifes aux charitables, au jour terrible de la mort. Et par la crainte de ces tourmens, qui n'auront point de fin, fi vous ou moy avions des cœurs de bronze, pour les pauvres, qui font les freres de Iefus-Chrift, & le: noftres.

Pour Meffieurs les Directeurs des Hofpitaux generaux de noftre Diocefe, ils feront auffi, s'il leur plaift, publier ce Mandement aux Prônes des Paroiffes de leurs villes, & feront diftribuer les remedes que nous leurs envoyons à tous ceux qui en demanderont.

Cela leur procurera des aumônes, les riches en envoyeront querir pour leur fervi-teurs, ce qui les excitera à augmenter leurs charitez.

Outre cela diftribuant des remedes à tout le pauvre peuple, dés que quelqu'un fe trouvera malade, la plus part, guerira en 2. ou 3 jours, fans quitter fa maifon. Cela di-minuera le nombre des malades des Hofpitaux, de plus d'un tiers, & celuy des Hofpi-taux generaux, car toute une famille tombe fouvent dans la mendicité, qu'on eft con-traint d'en fermer dans les Hofpitaux, par la mort; où longue maladie, des Peres, ou des Meres.

Pour avoir de ces remedes au continu, ils prendront auffi la peine de faire tenir un journal contenant les noms de ceux à qui on en donnera, & m'envoyeront un extrait de 3. mois, en trois mois, de cures extraordinaires qu'ils feront, que j'envoyeray à Paris, pour en avoir d'autres de fa Majefté.

Sur tout, il feront foigneux de faire prier Dieu foir & matin, au fervice Divin, & à l'iffüe du repas, pour fadite Majefté, & faire publier fa charité & liberalité vers les pau-vres, tous les ans, au Panegyrique qu'ils feront faire le jour de leurs Proceffions generales. Comme auffi, ils feront foigneuz, de faire mettre le nom augufte de fadite Majefté, fes Ar-mes, & fon effigie, dans tous les baftimens, & fon Tableau dans les Sales. Et à fa mort, ce qui n'arrivera s'il plaift au Ciel, qu'apres de longues & heureufes années; tous les Pauvres communieront à fon intention, diront un De profundis, *tous les jours à perpetuité, & les Hofpitaux feront faire un Service folemnel, dés qu'ils apprendront fon decés, & un Anni-verfaire tous les ans à jamais.* Donne' *à Treguier en noftre Palais Epifcopal le 27. Octobre 1678.*

Signé, BALTAZAR, E. & C. de Treguier.

PAR MONSEIGNEVR,

QUINTIN, Secr.

Plufieurs Evefques, ont donné des Mandemens pareils à celuy-cy en fubftance, que l'Advocat general des Pauvres a fait imprimer *gratuitement*, & en a envoyé auxdits Seigneurs Evefques pour tous leurs Curez. Et fait offre à tous les Prelats du Royaume, comme il a fait plufieurs fois, de faire imprimer auffi *gratuitement*, tous leurs Mande-mens, pour l'etabliffement des Hofpitaux generaux, & autre fecours qu'ils voudront procurer à leurs pauvres, & aux heretiques convertis, &c. Suivant les Edits du Roy, & deliberation du Clergé de 1670.

FIN.

LISTE

De Nosseigneurs les Evesques, qui en 1972. ont établi, ou promis d'établir dans leurs Dioceses, la distribution des Remedes, & les Confrairies de la Charité.

1. Chalons en Champagne.	13. Nevers.	26. Glandeve.	38. Bazas.
2. Meaux.	14. Sens.	27. Limoges.	39. Noyon.
3. Angers.	15. Bourges.	28. Marseille.	40. Soissons.
4. Rennes.	16. Autun.	29. Amiens.	41. Frejus.
5. Nantes.	17. Sarlat.	30. Senlis.	42. S. Flour.
6. Vennes.	18. Gap.	31. Agen.	43. Angoulesme.
7. Dol.	19. Arras.	32. Xaincte.	44. Tournay.
8. Treguyer.	20. Valence.	33. Rochelle.	45. Langres.
9. S. Brieux.	21. Séez.	34. Aire.	46. Mans.
10. Cornoüaille.	22. Sisteron.	35. Chalons sur Saone.	47. Aix.
11. Leon.	23. Bayeux.	36. Mets.	48. Tours.
12. Beauvais.	24. Evreux.	37. Toul.	49. Vienne.
	25. Coutance.		

LISTE

De Nosseigneurs les Evesques de Languedoc, qui à leurs Estats, l'an 1672. promirent d'érablir ces deux actions de charité, ainsi qu'ils l'écrivirent à M. le Duc de Luynes, & à M. de Morangis, Conseiller d'Estat, qui les en avoit prié, *comme il se voit par les Lettres de M. de Bonzi Archevesque de Toulouze, & de MM. les Evesques de Castres & de Beziers, du 26. Janvier 1672.*

1. Narbonne.	9. Beziers.	17. Vabres.	25 Lavaur.
2. Auch.	10. Agde.	18. Cahors.	26 Rieux.
3. Toulouse.	11. Carcassonne.	19. Pamiers.	27. Lombez.
4. Nismes.	12. Mende.	20. Mirpoix.	28. Cominges.
5. Usez.	13. Castre.	21. S. Papoul.	29. Conserans.
6. Lodeve.	14. Alby.	22. Aleth.	30. Tarbes.
7. S. Pons.	15. Le Puy.	23. Montpelier.	31. Letoures.
8. Tomiers.	16. Rhodez.	24. Montauban.	32. Viviers.

MAGISTRATS.

Mr. Galibard, Président au Grand Conseil.	seiller aud. Grand Conseil.	Mr. Cottereau, Président à Tours.	Bretagne. Mr. de Morangis, Conseiller d'Estat.
Mr. Bernage.	Mr. Galifet, Président au Parlement de Provence.	Mr. de Brequinni, Président au Parlement de	M. Pelisson, Maitre des Requestes.
M. Peingré, Con-			

LISTE

Des grands Seigneurs, & Officiers chez le Roy, qui ont fait, ou promis faire ces 2. établissemens charitables dans leurs Terres & Gouvernemens.

Son Altesse, Monseigneur le Prince

Son Altesse, Monseigneur le Duc.

La Princesse de Conty.

La Duchesse de Longueville.

La Duchesse d'Aiguillon.

La Duchesse de Chombar.

La Duchesse de la Valiere.

Le Duc & Maréchal de Villeroy

Le Duc de Luynes.

Le Duc de Chevreuse.

Le Duc de Noaille Capitaine des Gardes du Corps.

Le Duc de Montausier.

Le Duc de S. Aignan, fils.

Le Maréchal de Bellefonds.

Le Duc de Liancour.

Le Duc de Mazarin.

Le Duc de la Vieville.

Le Duc de Duras

Le Maréchal de Crequy.

Le Maréchal d'Humieres.

Le Marquis de Haute-Fort.

Le Comte d'Albon.

Le Comte de Sainte-Meme.

Le Comte de Montaigu, Lieutenant de Roy en Guyenne.

Mr. de Carnavalet, Gouverneur de Broüage.

Mr. Saint-Abre, Lieutenant General des Armées du Roy.

Le Marquis d'Aubeterre.

Le Chevalier d'Aubeterre, Gouverneur de Colioure.

Le Comte de Fenelon, Colonel du Regiment de Conty.

Le Marquis de Moussi.

Le Compte de la Roque, Capitaine Lieutenant des Gens-Dames de Monsieur.

Mr. de Grave, Maistre de la Garderobe de Monsieur.

Le Comte de Gadaigne, Lieutenant General des Armées du Roy.

Le Comte de Branquas, Chevalier d'honneur de la feüe Reine-Mere.

Le Compte de Chaumont.

M. de Pompone, Secretaire d'Estat.

M. le Marquis de Seignelay, Secretaire d'Estat, dans ses terres, & aux Vaisseaux & Galeres du Roy.

M. le Marquis de Souches, Grand Prevost de l'Hostel.

LISTE

Des Abbez & Abbesses qui ont aussi fait ces établissemens.

L'Abbé Bailli, Avocat General au Grand Conseil.

L'Abbé de Priere.

L'Abbé Charmoy, Prieur de Vaulaisant.

L'Abbé d'Evron.

L'Abbé du Rieux.

L'Abbé Brisard.

L'Abbé du Coudray.

L'Abbesse du Lis.

L'Abbesse de Nostre-Dame de Sens.

L'Abbé de Noailles.

L'Abbé d'Issoire.

M. Pelisson Maistre des Requestes, & Abbé, qui en a envoyé en divers lieux de la part du Roy, comme les Ducs de Chaune entr'autres, & de Montausier, aux Hôpitaux de leurs Gouvernemens.

CHAPITRE

CHAPITRE II.

1. Contenant les Relations de diverses Cures surprenantes de toutes sortes de maladies, faites par les remedes des pauvres, envoyées par divers Curez, Hôpitaux, & autres, aux Seigneurs Ducs de *Montausier* entr'autres, & de *Chaune*, & à *M. Pelisson*, qui leurs en procurent de la part du Roy.

2. Ces Relations font voir encore, suivant *l'Aumônier Chrestien*, fait par un Missionnaire, qu'on est obligé de procurer des Remedes aux pauvres, aussi bien que du pain, à peine de *damnation*, & que faute de ce secours, combien de milliers d'hommes meurent tous les ans dans le Royaume, de femmes en travail, d'enfans, ou de maladies pendant leurs couches, & leurs enfans souvent sans baptesme, qui ne verront jamais Dieu, & combien de milliers d'animaux il meurt aussi faute de remedes asseurez, & à peu de frais, comme ces remedes pour les pauvres.

On va voir dans les relations qui suivent, des Pestiferez gueris promptement des fiévres pourprées, flux de sang, des verolez, escrouelez, des maux caducs, des gouteux, des languissans de 30. ans, des retentions d'urine de 8. & 10. jours, des maux de teste furieux; des animaux enragez; des hommes mordus par des serpens, dont les cuisses estoient grosses enflées comme le corps d'un homme; des femmes abandonnées, en travail d'enfans morts, & toutes autres maladies de femmes gueries promptement, ce remede est immanquable, particulierement à l'égard de tous les maux desdites femmes, &c.

RELATIONS

Des Cures extraordinaires, faites par les Remedes des pauvres, dans les terres de *Monseigneur le Duc de Montausier*, où il en fait distribuer, & en divers Hôpitaux & Paroisses de son Gouvernement, à qui il en procure de la part du Roy.

A

MONSEIGNEUR

LE DUC DE MONTAUSIER

Gouverneur de Normandie.

MONSEIGNEUR,

1. Vous m'avez ordonné de faire imprimer les relations qui suivent, pour persuader la bonté des *remedes des pauvres*, aux pauvres gens, & les convier d'en user, parce qu'en divers lieux les Pharmaciens les decrient, à cause qu'ils guerissent promptement, & quasi pour rien: ils craignent que les riches ne s'en servent

2. Vostre exemple, MONSEIGNEUR, conviera les Seigneurs charitables, & Gouverneurs de Province, Prelats, Curez, & autres, d'en procurer à leurs terres, Hôpitaux & Paroisses.

3. *Monseigneur le Maréchal de Bellefonds*, qui est animé comme vous d'une tres-grande charité, fait distribuer de ces Remedes dans ses Terres, & a fait establir des Confreries de la charité, afin que cela dure à jamais.

4. Il m'a écrit mesme qu'il s'en est purgé, pour les authoriser dans l'esprit des pauvres gens; & voyant des cures surprenantes, par un effet d'une charité extraordinaire, sans en estre convié, il m'envoya une lettre pour *Monseigneur Colbert*, la

D

25 Aouſt 1678. par laquelle il le convioit d'envoyer de ces Remedes de la part du Roy en divers lieux , qu'il luy marquoit eſtre accablez de maladies populaires.

5. J'envoyé ſa Lettre à *M. le Duc de S. Aignan fils* , ledit Seigneur Duc envoya auſſi-toſt de ces Remedes dans ſes Terres.

6. *M. le Marquis de Segnelay Secretaire d'Eſtat* , l'a fait auſſi , & de plus , en a envoyé à l'Hôpital Royal de Marſeille , pour les Soldats & Matelots , Vaiſſeaux & Galeres , luy ayant eſté écrit qu'on s'en ſervoit il y avoit quatre à cinq ans avec grand ſuccez , & qu'ils gueriſſoient promptement la pluſpart des maladies qui reſiſtoient aux remedes ordinaires.

7. On a envoyé de pareils certificats de divers Hôpitaux de Bretagne , à *M. le Duc de Chaune Gouverneur de cette Province* , qui leur procure auſſi de ces Remedes de la part du Roy.

8. On l'a fait pareillement à *M. Peliſſon Maiſtre des Requeſtes* , qui fait diſtribuer ces Remedes dans ſon Abbaye , & qui en envoye auſſi de la part du Roy à divers Hôpitaux , Curez , Miſſionnaires , & Confreries de la Charité , comme on voit par la relation , entr'autres de *M. le Premier Preſident du Parlement de Pau* , à luy addreſſée & autres rapportées cy aprés. *Ce charitable Preſident les diſtribuë luy-meſme, comme le Seigneur Mareſchal de Bellefonds , Comte du Pont-Briand , Comte de la Tour , &c. Le feu Baron de Ranti , mort en odeur de ſainteté , en portoit toûjours ſur luy, & en diſtribuoit chez luy , & en portoit aux malades.*

9. On connoiſt encore la bonté de ces remedes par la deliberation de l'Aſſemblée generale du Clergé de France , du 17 Novembre 1670. qui exhorte tous les Eveſques du Royaume d'en eſtablir la diſtribution dans toutes leurs Paroiſſes , ſur l'atteſtation de ceux qui l'avoient déjafait , qu'ils produiſoient de tres-bons effets.

10. *L'Archeveſque de Tarantaiſe* , en Savoye , le certifie auſſi par ſes relations : le *R. Pere Sevin Miſſionnaire Capucin* , qui en a diſtribué à *Alep*. Feu *M. l'Abbé de Fenelon* qui l'a fait en *Canada*. Feu *M. le Comte de Fenelon* , Colonel du Regiment de Conty , qui en fait diſtribuer dans les Armées , & qui ſauva la moitié de ſon Regiment en 1672. qui periſſoit de diſſenterie , ſuivant ſa relation imprimée ladite année.

11. *M. de Guilhem* , *d'Avignon* , homme de pieté & de qualité , *Avocat General des pauvres du Comtat* , comme il y en a à Rome , a auſſi écrit , que *le Dom Prieur des Chartreux* de ladite Ville , faiſoit diſtribuer de ces Remedes à tous les pauvres gens avec un ſuccez merveilleux ; *Que M. le Curé de S. Symphorien d'Avignon* le faiſoit auſſi , & que l'Hôpital de la *Ville de l'Iſle audit Comtat* , pour dix écus de ces Remedes avoit fait plus de cures en un an , que dans les dix années precedentes qu'il luy en coûtoit 800 liv. par an ; qu'on avoit guery toutes les maladies curables du peuple de la Ville , & des environs. *M. Couë Medecin* dudit Hôpital le certifie auſſi , & parle d'une cure de certains maux de teſte , qui tient du miracle , qui avoient reſiſté à toute la Medecine.

12. De Rome *le Sr Fouxol* , Chirurgien celebre , qui en diſtribuë , écrit de pareilles cures aux relations cy-aprés , certifiées par divers Eveſques & Medecins.

EXTRAIT DV TRAITE' D'VN MISSIONNAIRE
Touchant les maladies des pauvres gens ; & le grand nombre de milliers d'hommes & d'animaux qui meurent tous les ans en France faute de remedes : Ce qui ruine un nombre innombrable de familles, qui ne peuvent payer la Taille ny les rentes deuës aux particuliers.

Il fait voir *encore*, *que les Chrestiens*, les Evesques sur tout, les Curez & les Beneficiers, *font obligez de procurer aux pauvres, des remedes aussi bien que du pain, à peine de damnation, suivant l'Evangile, les Peres, les Conciles, & les fondations des grands biens dont ils jouïssent.*

1. Il fait voir qu'il y a toûjours des maladies parmy le peuple ; Que ces maladies augmentent fort au temps de la recolte, à cause du grand travail, des grandes chaleurs, & des mauvais fruits que plusieurs mangent, faute de meilleure nourriture.

2. Qu'il meurt tous les ans dans le Royaume, comme il a esté dit plus de 80. à 100. *mille* pauvres païsans, & ouvriers, à raison de 2 par chaque Paroisse, faute de remedes. Qu'il y en languit un aussi grand nombre, qui tombent dans la pauvreté, & sont à charge aux Hôpitaux.

3. Qu'il meurt aussi plus de 40. à 50. *mille* femmes en travail d'enfant, ou de maladies pendant leurs couches, & leurs enfans souvent sans Baptesme, qui ne verront jamais Dieu, ce qui est de plus déplorable.

4. Qu'il meurt pareillement tous les ans plus de 4. à 500. *mille* bestes à laine, ou autres animaux, faute de remedes asseurez & à peu de frais, comme ceux des pauvres, ce qui ruine un nombre innombrable de familles, qui ne peuvent payer la Taille, ny les rentes qu'ils doivent aux Seigneurs, & autres.

5. Que dans les garnisons, & dans les armées, à la fin de la campagne principalement, tout est plein de maladies ; qu'il meurt, languit, ou deserte des milliers de Soldats, qui coûtent au Roy des sommes immenses à rétablir tous les ans, dont on sauveroit la plufpart, par ces remedes des pauvres, si chaque Regiment en avoit un pacquet ou deux par an.

6. Que les Vaisseaux & les Galeres revenant de course, sont desolées par les maladies, qui causent aussi tres-grande perte au Roy, à cause que les gens de marine sont rares. A tout quoy on remediera si on continuë de procurer de ces remedes à tous les Vaisseaux & Galeres, comme M. le Marquis de Segnelay a commencé. Et si on en procure aux armées de terre, & garnisons. On voit cy-aprés les cures extraordinaires faites par ces remedes dans l'Hospital Royal de Marseille pour les Soldats & Matelots, attestées par M. *Brunet* Medecin.

7. Enfin ce charitable Missionnaire remarque, qu'il ne meurt pas un *Asne* dans le Royaume, que le Maistre de l'*Asne* ne luy procure des remedes, & qu'il y meurt des Milliers de Chrestiens tous les ans, faute de secours, quoy qu'on le puisse, comme sera dit cy-aprés par une voye douce & insensible, *sans qu'il en couste rien au Roy, aux Evesques, Curez, ny aux Seigneurs des Paroisses, s'ils ne veulent.*

8. Ce zelé Missionnaire remarque neanmoins, aprés S. *Chrysostome*, qu'on doit procurer des remeds aux pauvres, aussi bien que du pain, à peine de damnation, & cela suivant l'Evangile : *I'ay eu faim, vous ne m'avez pas donné à manger : I'ay esté malade, vous ne m'avez pas assisté, allez maudits dans les flammes éternelles*, Matth. c 25.

9. Que Jesus-Christ l'a ordonné, particulierement *aux Evéques, Curez, & Missionnaires*, en la personne des Apostres. *In quacumque civitatem intraveritis, curate infirmos :* PAR TOUT OÙ VOUS IREZ, PROCUREZ LA SANTE' AUX MALADES.

10. Qu'il a fait le mesme commandement aux Prestres, & à tous les autres Ecclesiastiques, en la personne de ce Prestre & Levite inhumain qu'il menaça de l'Enfer, pour n'avoir pas bandé les playes de l'homme blessé dans le chemin, & à qui il com-

manda d'imiter la charité du *Samaritain*, qui l'avoit fait, *Vade, & tu fac similiter.* Luc, c. 10.

11. Le faint Concile de Trente, conformément à tous les autres Conciles, fuivant l'Evangile, commande aux Pafteurs particulierement, D'AVOIR UN SOIN PATERNEL DES PAUVRES, *curam paternam miferabilium perfonarum gerant. Et noftre grand faint & Archevefque de Milan leurs difoit :*

12. *Vous y eftes encore obligez, les Evefques, fur tout & les Curez, à peine de damnation, fuivant les fondations des grands revenus dont vous jouiffez. Qui de vous, ozeroit donner l'abfolution à un Pere, qui laifferoit mourir fes enfans, par negligence ou avarice, faute de leurs procurer du pain, & des remedes quand ils le peuvent ? Qui peut donner l'abfolution à des peres fpirituels', & inhumains, à des Beneficiers, qui ne fongent qu'à s'engraiffer du laict de leurs Brebis, & à fe parer de leur laine ? qui ne penfent qu'à écorcher leur troupeau, fans porter la main à leurs plaies ? c'eft eux particulierement qui doivent craindre au jour terrible de la mort, ces foudroyantes paroles, d'un Dieu courroucé;* J'AY EU FAIM, J'AY ESTE' MALADE, VOUS NE M'AVEZ PAS ASSISTE', ALLEZ MAUDITS A TOUS LES DIABLES, &c.

13. Noftre zelé Miffionnaire remarque encore, que l'hiftoire fait voir, que les fiefs n'ont efté donnez par les Rois, aux Seigneurs des Paroiffes, qu'à la charge de rendre juftice *gratuitement* à leurs Vaffaux, comme c'eftoit la couftume lors, & dont il n'y a point de loy depuis qui les en difpenfe, non plus que de l'obligation de procurer du pain, & des remedes aux pauvres; ils y font obligez, comme leurs Vaffaux font tenus de leur payer leurs rentes & chef-rentes.

14. Noftre digne Miffionnaire remarque encore, que l'hiftoire Ecclefiaftique fait voir, que *S. Luc* Apoftre, exerçoit la Medecine. Que pendant 7. à 800. ans les gens d'Eglife l'ont enfeignée & pratiquée gratuitement. Que les Cathedrales de Flandre font encore diftribuer des remedes aux pauvres par l'un de leurs Chanoines; qu'il n'y a que la Chirurgie de deffenduë, à caufe de l'effufion du fang, par le Canon *tua nos de fanguine.* Que le Cardinal Baronius, cotte 33. faints Canonifez, qui ont diftribué des remedes aux pauvres, aprés leur promotion, à la Preftrife, Epifcopat, & Papauté. Que le Pape *Gregoire XIII.* à la Requefte des Reverends Peres Jefuites, qui font tres-charitables a exhorté toute l'Eglife l'an 1582 de renouveller l'ancienne & fainte pratique du Clergé, qu'en nos jours mefme l'an 1641. Le faint Siege l'a fait encore, en faveur des Miffions de nos Evefques, François dans les Indes Orientales.

15. Que par le Concordat art. 13 les graduez en Medecine, parviennent aux Benefices comme les graduez en Theologie, & que l'an 1480. feulement *le Cardinal d'Eftouteville* Legat en France, permit aux Medecins de Paris de fe marier, du confentement des Chanoines de Noftre Dame, Regens lors, des Echoles de Medecine, & Medecins des Hôpitaux, comme on voit dans le Livre des antiquitez de ladite Ville;

Quantum mutati ab illo tempore ! Jefus mon Dieu qu'il leurs a empiré depuis ce temps-là ! Où font les Chanoines, les Preftres, ny les Religieux, qui fuivant l'ancienne pratique de l'Eglife, qui exercent maintenant la Medecine gratuitement, dans les Hôpitaux, & fur tout à l'endroit de tant de pauvres honteux, qui pourriffent fur une poüillée de paille, fans aucun fecours, dans quelque méchant de trou, de grenier, ou de cave ?

16. Qu'on ne dife pas, qu'au deffaut de ces Medecins Ecclefiaftiques, les Religieux de la charité font venus dans ce fiecle, les filles de la charité de feu M. Vincent, & tant de Religieufes Hofpitaillieres. On va faire voir que cela ne fuffit pas.

RELIGIEUSES HOSPITAILLIERES.

1. Ces bonnes Religieufes, quelques-bien-intentionnées qu'elles foient ne peuvent dans la pluf-part des Villes, des Provinces, hors de Paris, recevoir qu'un certain nombre de Pauvres, à proportion du nombre de leurs lits, & le refte meurt, & languit fans remedes, où il n'y a point de ces filles de la Charité, appellées *Sœurs grifes* communément, faute qu'on ne diftribuë dans les Hofpitaux, des remedes à tous ceux du dehors, qui en voudroient demander, comme le Seigneur *de la Vie Premier Prefident du Parlement de Pau, comme il a efté remarqué, fait faire dans tous fes hôpitaux;*

Ainfi

Ainſi qu'il a eſté dit cy-deſſus, ce qui diminuë le nombre des pauvres, des malades, & la dépenſe des hoſpitaux, & Confreries de la charité, & augmente leurs aumônes de plus d'un tiers, pour les raiſons, confirmées par l'experience, que ledit Seigneur Premier Preſident rapporte.

FILLES DE LA CHARITE' APPELLE'ES
Sœurs Griſes communément.

1. Ces dignes filles de M. Vincent, qui avoit des entrailles de Pere, pour toute ſorte de pauvres, meritent des loüanges éternelles ; Mais dans la pluſ-part des Villes, des Provinces où elles ſont établies, les aumônes ſont ſi petites à cauſe de la miſere generale, qu'elles ne peuvent aſſiſter que 6. ou 7. pauvres malades par jour, & 20. & 30. languiſſent ſans ſecours, qu'une medecine metteroit ſur pied, & leurs donneroit le moyen de gagner leur vie, & du pain à leur famille

2. Cependant, ſuivant leurs regles, elles ne donnent des remedes, qu'à ceux qui ſont aſſiſtez des boüillons ; c'eſt à dire, qui ſont nourris auſſi, par les Dames de la Confrerie de la charité ; & ſi elles donnoient des remedes à tous ceux qui leurs en demanderoient, elles aſſiſteroient tous les ans 200. *Mille* malades, plus qu'elles ne font, ſans obliger les Dames, d'augmenter leurs aumônes, comme on le fera voir cy-aprés.

3. On dit que ces ſaintes filles, ont 50. à 60. établiſſemens dans le Royaume. Le *Curé de Marcilly, Dioceſe de Langres*, qui eſt auſſi un ſaint homme, & le ſeul de 50. à 60. *Mille* Curez, qu'il y a en France, qui a continué à diſtribuer des remedes aux pauvres depuis 10. ans. Il diſtribuë tous les ans plus de 8. à 10. *Mille Medecines, de ces remedes des pauvres*, qu'il achette quoy qu'il en pourroit avoir ; Il eſt pauvre neanmoins, mais les malades gueris ſont en ſi grand nombre, qui mettent quelque petite choſe dans le tronc qui eſt dans ſon Egliſe, pour acheter des remedes, qu'il en a eu ſuffiſamment, & pour cela, & pour reparer ſon Egliſe ; & auroit de quoy vivre s'il vouloit recevoir les preſens qu'on luy offre. L'homme n'a rien de plus cher, que la vie, & la ſanté. On a recouts à luy de 10. & 12. lieuës de loin, de ſa demeure.

4. Nos ſaintes filles griſes, ſi elles vouloient auſſi ſuivre ſon exemple, elles ſoulageroient 2. à 300. *Mille* pauvres par an plus qu'elles ne font, ſans qu'il en coûtât preſque rien. 1. Elles n'ont qu'à demander de ces remedes pour les pauvres, que le Roy fait donner gratuitement, leurs ſœurs établies à Rennes en diſtribuent avec grand ſuccez, il y a plus de 12. ans.

5. Outre cela, *le Frere Gabriel Apotiquaire* de Meſſieurs les Miſſionnaires de S. Lazare, leurs Directeurs, eſt tres ſçavant & charitable, il ſçait la compoſition d'un remede dont la priſe ne reviendra pas à un ſou, qu'il leur apprenderoit volontiers.

6. Mais les envieux de ces ſaintes filles, & de leurs Directeurs, diſent, qu'on ne veut pas qu'elles ſe ſervent de ces remedes qui gueriſſent promptemenr, de crainte de déplaire aux Medecins, qui apprehenderoient, que les riches ne s'en vouluſſent ſervir, & feroit que ces Medecins intereſſez, t cheroient de décrier ces ſaintes filles, pour les faire renvoyer, & empêcher leur établiſſement, & celuy de leurs Directeurs, dans toutes les villes qu'ils ſouhaittent.

7. Outre cela, que la diſtribution de ces remedes, qui gueriſſent ſi promptement diminueroit la pratique des Pharmaciens, & qu'ainſi il vaut mieux laiſſer perir, beaucoup de pauvres & de miſerables, faute de leur procurer ces remedes aſſurez & a peu de frais, que de rien faire qui peut déplaire aux Medecins, & Pharmaciens.

8. Si cela eſtoit vray, que leur diroit leur ſaint Fondateur, *M. Vincent*, s'il deſcendoit du Ciel en terre ; luy qui avoit des entrailles de Pere, pour toute ſorte de neceſſiteux, comme on le voit dans l'hiſtoire de ſa vie : luy qui pour le ſoulagement des miſerables ſacrifia ce qu'il avoit de plus cher au monde ; qui au plus fort des guerres, s'alla jetter aux pieds du Catdinal de Richelieu, Miniſtre tout puiſſant, & ſouverain qui ne ſouffroit point de controolleur ; il le conjura les larmes aux yeux, embraſſant ſes genoux, de donner la paix à l'Europe, pour ſauver des millions de Chreſtiens qui periſſoient, de faim, & de miſere.

9. Ce grand Cardinal fut touché, il le releva, il l'embraſſa, & luy promit qu'il y feroit tout ce qui dépenderoit de luy, & de puis redoubla l'eſtime qu'il avoit pour ce S.

homme, & luy accorda tout ce qu'il souhaita pour sa Congregation naissante. Cependant la prudence charnelle, se seroit bien donnée de garde de faire une telle harangue à un tel Ministre; Car il accusoit son ambition tacitement, d'estre la cause de ces guerres sanglantes qui désoloient tant de Royaumes; & tout autre que ce S. Fondateur qui ne regardoit que le soulagement des miserables, auroit eu sujet de craindre que la puissance de ce grand Ministre, n'eût étouffé son ordre dans son berceau: Mais il ne faut, comme dit S. *Chrisostome*, qu'une action heroïque pour attirer sur nous, & nos entreprises, toutes les benedictions du Ciel, comme il arriva à S. Pierre, qui fut fait Prince des Apôtres, pour avoir dit hardiment, que Jesus-Christ estoit Fils de Dieu.

10. Et ainsi, si ce S. Fondateur des filles de la Charité, & de leurs Directeurs ressuscitoit, il procureroit du secours à tous les pauvres de la terre, s'il pouvoit, sans craindre de déplaire aux Medecins, ny aux Apoticaires, Car par la mesme raison, les Missionnaires ne devroient pas prescher contre l'usure, de crainte de déplaire aux usuriers, contre l'yvrognerie, car cela peut faire tort aux Cabaretiers; contre l'impureté, parce qu'il y a des malheureuses qui en vivent.

11. Enfin, si ces filles de la Charité, ont 50. établissemens dans le Royaume, elles peuvent par ces remedes Royaux, ou ceux de leur frere Apoticaire de Paris, soulager 2. à 300. mille malades tous les ans, plus qu'elles ne font, à l'exemple de ce Curé de Marcilly Diocese de Langres, qui en distribuë depuis 10 ans, 8. à 10 mille medecines tous les ans : Et ainsi, si ces bonnes filles ne le font pas, elles deviendront tresmauvaises filles, de la charité elles turont 2. à 300. mille pauvres tous les ans, puisque S. AMBROISE dit, *si non pavisti occidisti*. Si vous n'avez pas secouru, vous avez tué, &c.

RELIGIEUX DE LA CHARITE'.

1. Ces bons Religieux sont obligez par vœu d'avoir soin des malades; il ne se peut rien de mieux que ce qu'ils font, pour sauver les corps & les ames de leurs infirmes; mais ils n'ont qu'un certain petit nombre de lits dans leurs hôpitaux, qui ne peuvent pas suffire à la dixiéme partie de ceux qui en demandent.

2. Dans Paris par exemple, ils n'ont que 150. lits, quelques grands legs qu'on leur fasse tous les jours, & quoy qu'une vingtaine de leurs Buralles viennent tous les soirs chargées à leur maison. Au lieu de 150. lits, quand ils en auroient 2 à 300. que cela ne suffiroit pas pour tous ceux qui en demanderoient, car on ne va à l'Hostel Dieu qu'au forcat; plusieurs aiment mieux pourir sur la paille chez eux, & mourir de faim & de misere, que d'y aller, car faute d'assez grands logemens, il y a 4. rangées de lits en chaque sale; on met 3. & 4. hommes malades en chaque lit, les garçons &, les enfans 8 & 10 ensemble; en sorte qu'ils n'agent dans l'ordure & la puanteur, & la pluspart d'eux n'en sortent que les pieds les premiers, pour estre portez en terre; nonobstant tous les soins, & les fatigues de ces saintes Religieuses qui les servent, qui sont des Anges incarnez pour leur charité, & c'est un miracle continuel de ce qu'elles peuvent vivre dans l'infection de cet hôpital.

3. Cependant vous en voyez de 60. & 80 ans qui agissent encore, & ont soin de toute une sale de malades. J'y en ay veu une de 103. ans qui s'estoit exposée 3. fois à l'Hôpital des pestiferez, *toutes en font vœu*, & elle marchoit encore toute seule dans l'Hôpital. On y reçoit generalement tous les pauvres qui s'y presentent, du dedans, & du dehors de la Ville, sans renvoyer aucun au lendemain; ce qui est cause que le nombre des malades y est si grand, qu'on est obligé de les entasser les uns sur les autres comme on vient de dire.

4. Il n'en est pas de mesme dans les hospitaux de ces bons Religieux de la Charité; ils n'ont comme j'ay dit, qu'un petit nombre de lits, & n'en mettent qu'un en chaque lit; & encore faut-il l'attendre souvent 7. ou 8. jours parce qu'il n'y en a point de vuide: Cependant beaucoup de malades meurent, ou souffrent étrangement attendant ce lit.

5. Ils les soulageroient, & sauveroient la vie à mille, & mille pauvres gens, s'ils donnoient de ces remedes Royaux dont est parlé cy-dessus, *ou d'autres meilleurs s'ils en ont*, à tous ceux à qui ils ne peuvent donner des lits. De 100 à qui ils donneroient de ces remedes Royaux dans la naissance de leur mal, 90. du moins gueriroient en 2.

ou 3. jours , sans sortir de leurs maisons , ny estre à charge à leurs hospitaux.

6. Ils l'ont veu par experience , dans leur Hospital de *Fontaine-Bleau* où le R. P. *Victor* qui en est Superieur à present y en a distribué autrefois : Ils l'ont veu encore dans celuy de *Romans en Dauphiné, ou le frere Ambroise* en avoit porté de Paris. On leurs en a fait offre de la part du Roy, pour tous les hospitaux qu'ils ont dans le Royaume , & les Superieurs majeurs l'ont refusé, de crainte dit-t'on , de déplaire aux Medecins , qui pourroient diminuer leurs aumônes , les faisant passer pour fort riches , comme c'est le bruit commun , auprès des riches mourans ; car comme on a dit beaucoup de Medecins décrient ces remedes Royaux , de crainte que les riches ne s'en servent, voyant qu'ils guerissent promptement , & à peu de frais.

7. Si ces bons Religieux estoient capables d'avoir des sentimens interressez , on les prioit de considerer avec S. AMBROISE , comme il a esté dit, *que l'on tuë* tous les pauvres, qu'on peut *soulager* & qu'on ne soulage pas ; Que le Curé de Marcilly , comme il a esté remarqué , qui n'est qu'un Curé de village , en soulage 8. à 10. *mille* tous les ans ; qu'à plus-forte raison , chacun des 15 hospitaux que ces Religieux ont dans le Royaume, en soulageroient autant, & plus ; parce qu'on auroit plus de creance en eux, qu'en un Curé sans experience , & qu'ainsi ils tuent 2. à 300 *mille* pauvres tous les ans, faute de donner des remedes à tous ceux à qui ils ne peuvent donner des lits.

8 Ils disent pour leurs raisons , que ces remedes Royaux ne plaisent pas à tout le monde ; La guerison de l'Aveugle nay , ne plut pas aussi à tous les Juifs de Judée , & cependant, JESUS-CHRIST , ne laissa pas de continuer à guerir les malades. Si ces remedes Royaux ne plaisent pas à tous les Medecins , que ces bons Religieux les prient d'en composer de meilleurs , & qu'ils en donnent à tous ceux qui leurs en demanderont ; Tous les secrets de la Medecine de *Salomon* , ne sont pas découverts , le Ciel en fait part de temps en temps aux charitables.

9. Il seroit à souhaitter que ces bons Religieux fussent dans toutes les Villes du Royaume , tant leur conduite est sainte & charitable au dedans, s'ils vouloient au dehors donner des remedes à tous ceux qui en demanderoient : On les appelleroit par tout à moins de 10. ans , s'ils vouloient aussi donner des chambres particulieres aux malades de qualité dans Paris.

10. Il n'y a point de Ville dans le Royaume, dont quelque personne riche, ne vienne à Paris tous les ans pour affaire ; Plusieurs tombent malades , qui sont mal soignez dans des hauberges ; Ils seroient ravis, en bien payant , d'avoir une chambre chez ces bons Religieux ; s'ils guerissoient ils en seroient reconnoissans toute leur vie , & emploiroient leur credit & leurs amis pour les établir dans leurs Villes ; s'ils mouroient ils leur feroient des legs par leur testaments ; & leurs heritiers s'emploiroient aussi pour les établir dans leurs Villes , pour les bons services rendus à leur parens , & avoir conservé leurs papiers & leurs effets

11. C'est ainsi que ces 2. grands Hospitaux , de *Baune* & de *Châlons-sur-Saone* , fondez par ce charitable Chancellier *Rolin* , sont devenus si riches ; Il fit venir de ces Begines de Flandres , qui sont une espece de Religieuses , & on y est si bien , que les plus riches des lieux s'y font porter pour mourir en paix.

12. Mais on dit que ces bons Religieux de la Charité , tout saints qu'ils sont , ne veulent s'établir en aucun lieu , si on ne leurs donne des revenus , au delà de ce qu'il leurs en faut , & que cela est cause qu'ils se multiplient si peu ; Et en effet depuis 100 ans qu'ils sont dans le Royaume , ils n'ont que vingt-cinq Maisons ; & les *Capucins* en aussi peu de temps en ont eu plus de cinq cens parce qu'ils s'établissent sur les seuls fonds de la Providence : & ne manquent de rien & ne manqueront , tandis que leur confiance en Dieu sera parfaite , & qu'ils se tiendront à la pauvreté de leur regle : Mais ils manqueront de tout dés qu'ils chercheront des biens par des voyes indirectes ; témoin *les Cordeliers* , dés qu'ils ont recherché des revenus , ils ont eu peine à vivre ; & ainsi les Capucins deviendront des Cordeliers , & auront peine à subsister dés que leur confiance en la Providence diminura. S. Pierre marchant sur les eaux , quoy qu'il vit ce grand miracle , dés qu'il commença à craindre , il commença à enfoncer ; Dieu veut une confiance parfaite pour mieux faire paroistre les miracles de sa Providence : Témoin encore les Religieux *Theatins* répandus dans toutes les Villes d'Italie qui n'ont ny rentes, ny revenus, ny Besasse. Témoin aussi ces 50. à 60. Hospitaux generaux qu'on vient d'établir depuis 3. à 4. ans , à la

Capucine, & que l'on continuë d'établir quelque miserable que soit le temps, sans fonds, ny revenus, & dés qu'ils sont établis on voit venir les revenus à la *Benedictine*, c'est à dire, les legs & donations, en sorte que tous ces Hospitaux condamnez par la prudence charnelle subsistent, s'augmentent, & commencent déja à bâtir.

14. *L'Ecriture*, dit S. Chrysostome, *veut que le sage compte avec sa bourse, avant de bâtir une tour : c'est à dire, comme l'explique ce S. Docteur, quand c'est pour son usage, mais si c'est pour l'usage des freres de* Jesus-Christ, *qui sont les pauvres, il luy suffit de mettre la premiere pierre, & Dieu acheve le reste ;* & ainsi les bons Religieux de la Charité seront bien-tost dans toutes les Villes du Royaume s'ils veulent imiter la confiance parfaite qu'avoit leur saint Patriarche en Dieu. qui donna 14. écus d'or qui estoit tout ce qu'il avoit en la maison, au mesme Seigneur qui venoit de les luy donner, & qui vint luy demander l'aumône en mesme temps travesti en pauvre Gentil-homme, pour sçavoir s'il estoit vray qu'il fut aussi charitable & desinteressé comme on disoit ; & sur l'heure, ce Seigneur se faisant connoistre l'embrassa, & luy fit de grands presens.

15. De mesme, si les Enfans de ce saint Fondateur veulent s'abandonner entierement à la Providence comme luy, ils voyeront qu'on les appellera dans toutes les Villes comme les Capucins, & que la Manne spirituelle & temporelle tombera sur eux avec plus d'abondance, qu'elle ne faisoit sur les Israëlites dans le Desert.

HOSPI-

HOSPITAL DES INCURABLES
à Paris.

1. On y est si bien pour le spirituel & le temporel, la charité y est si tendre, que l'on diroit estre déja dans le fauxbourg du Paradis.

2. Mais il n'y a que 186. lits dans cet hospital, faute de revenus suffisans ; chaque pauvre a son lit, & il perit dans la Ville plus de 10. *mille* incurables qui pourrissent sur la paille delaissez & abandonnez de tous secours ; on le sçait par les assemblées des Paroisses pour assister les pauvres honteux, à qui ils s'adressent, sans en tirer aucun secours à present, faute de fonds : Autrefois les aumosnes dans les grandes Parroisses de Paris, de S. Sulpice, S. Paul, S. Eustache, &c. se montoient à 25. & 30. *mille li-vres par an*, & maintenant elles ne se montent qu'à 3. ou 4. *mille*, tant la misere est grande ; & ainsi on ne donne plus rien aux malades incurables, à qui on donnoit autrefois quelque petit secours par semaine. On va au plus pressé, on assiste de pauvres familles honteuses qu'on tâche de rétablir qui tomberoient dans la mandicité, & dans les maladies qui seroient à charge dans l'Hopital general, & aux hospitaux des malades ; Et ainsi les Incurables sont abandonnez à present, il faut qu'ils perissent sur une poignée de paille ; car, comme il a esté dit, il y en a plus de 10. *mille* dans Paris, & il n'y a place que pour 186. dans l'Hospital de ce nom. Dans l'Hospital general on ne reçoit point d'incurables, & dans tous les hospitaux des malades, on n'en reçoit point s'ils n'ont de la fiévre tendante à une mort prochaine : Ils languissent souvent long-temps sans fievre ; & ainsi il y en a qui souffrent bien des années avant mourir murmurant contre les riches, & attirant la colere du Ciel sur eux.

3. L'Hospital des Incurables pourroit les soulager un peu, attendant des fondations suffisantes pour fournir à toutes leurs necessitez. La Besace produit des fonds inépuisables quand elle est bien maniée. Les Religieux de la Charité avoüent qu'elle leur produit plus de 30. *mille livres* par an. Les 13. Besaces de Monsieur S. François trouvent dans Paris plus de 300. *mille livres* tous les ans ; & ainsi, si l'Hospital des Incurables faisoit quester, il trouveroit de grands fonds.

4. Du moins, il peut soulager ceux qu'il ne peut recevoir, leur donnant des remedes qui adouciroient leurs maux ; & cela ne leurs couteroit rien se servant des remedes que le Roy offre gratuitement aux hospitaux ; plusieurs guèriroient dont les maux ne sont pas inveterez & on soulageroit les autres ; ces remedes feroient cesser leurs douleurs, comme on voit par experience dans les lieux où l'on s'en sert, si on ne veut pas se servir de ces remedes Royaux, qu'on leurs en donne d'autres, si on en a de meilleurs : Malheur sur les Directeurs, s'ils ne se servent de cet avis ; on s'élevera contre eux *au jour terrible de la mort*, s'ils y manquent : on ne doit pas attendre les bras croisez que les fondations viennent. *Compelle intrare*, il faut se remuer, crier, quester, & faire voir par tout la misere des Incurables abandonnez.

HOSPITAL DES FOUS.

1. Il n'y a que 50. ou 60. loges pour eux faute de fonds, & il y en a mille, & mille dans Paris, les pavez en sont couverts, *stultorum infinitus numerus*, dit l'Ecriture.

2. Cependant faute de retraite un grand nombre de familles de pauvres gens sont chargées de leurs fous, il faut payer à cet hospital de grosses pensions pour ceux que l'on croit avoir du bien.

3. Or est-il que ce remede Royal pour les pauvres, dont nous parlons, est souverain pour guerir les folies qui ne sont pas inveterées, & soulage les inveterées, en sorte si l'on s'en servoit dans cet hospital, on feroit cesser la fureur de ceux qui crient sans cesse & se tourmentent ; & on gueriroit toutes les folies naissantes.

Les parens de ces malades, viendroient à cet hospital de tout le Royaume, & des Etats voisins, & à chepteroient ces remedes bien cher, qu'on auroit eu du Roy gratuitement ; en sorte qu'on en pourroit tirer grand profit pour l'entretien des pauvres de la maison *Et pour en tirer ce grand profit, il faudroit à la mode des Indes, faire marché en cas de guerison, pour une somme, & rien en cas de non guerison ; & faire consigner la somme.*

ABBASES

Et tous autres Beneficiers, & communautés obligées à faire des aumônes publiques par leurs fondations.

1. Tous les Beneficiers, Evesques, Abbez, Prieurs, Curez, & Communautées Religieuses fondées, &c. ne sont que simples receveurs & distributeurs de leurs revenus en faveur des pauvres, & n'ont droit de prendre là dessus, s'ils n'ont du patrimoine d'ailleurs, que de quoy vivre petitement, *suivant l'Evangile, les Peres, les Conciles, & leurs fondations.* Le 4. Concile de Cartage, souscript par S. Augustin, renouvellé par tous les Conciles subsequents, ordonne aux Evesques, & aux autres Beneficiers de vivre pauvrement, d'avoir de pauvres habits, pauvres meubles, pauvre table, &c. & se faire estimer & honnorer par leur vie pauvre, penitente, & leur charité vers les pauvres.

2. S. *Bernard* là-dessus, dit que tout ce que les Beneficiers, prennent du revenu de leur Benefice, au de-là de ce qu'il leur faut, pour mener cette vie pauvre, que c'est larcin, vol, & sacrilege. *Furtum est, latrocinium, sacrilegium est.*

3. Pour le regard des communautées Religieuses, plusieurs font graces à Dieu des aumônes publiques, suivant leurs fondations ; & les feroient plus grandes, si leurs Abbez y vouloient contribuer tout ce qu'ils doivent. On le voit, dans les Communautez Abbatiales reformées de S. Benoist, entr'autres, de S. Bernard, Premontré, sainte Genevesve, &c. On le voit encore, dans toutes les maisons des Chartreux qui le font avec liberalité.

4. Mais ces aumônes pour la plusspart ne font que du pain, que l'on donne au premier venu sans connoissance de cause ; *Or est-il, comme disoit S. Ambroise, qu'il vaut mieux guerir un malade pour luy donner le moyen de gagner sa vie, & celle de ses enfans, que de le nourrir pendant qu'il est malade ; & puisque le seul pain ne guerit pas, qu'on est obligé à peine de damnation, de luy procurer des remedes suivant l'Arrest de l'Evangile si souvent allegué, qui menace de la mort éternelle, si on y manque.* J'ay esté malade vous ne m'avez pas assisté : Allez, maudits, &c.

5. Plusieurs de ces Communautez Abbatialles distribuent à present des remedes aux pauvres : Ils peuvent le faire à l'avenir s'ils veulent, sans qu'il leurs en couste rien, ayant recours à ces remedes que le Roy fait donner gratuitement.

6. Le General des Chartreux en a fait achepter ; Il embrasse tout le bien qu'on luy propose. Le Dom Prieur de la Chartreuse d'Avignon l'a fait aussi, celuy d'Apponay, &c. Ces saints Anacoretes, veulent renouveler la pratique de la primitive Eglise, comme il a esté dit, qui en a fait distribuer 7. à 800. ans par les Prestres & Religieux

7. Enfin, chaque Communauté Abbatialle, sans qu'il luy en coute rien, distribuant de ces remedes Royaux, peut soulager tous les ans, 4. & 5. *mille* malades, qui meurent à leur porte sans secours ; le *Curé de Marcilly*, comme il a esté dit, qui n'est qu'un Curé de Village, en soulage tous les ans, plus de 8. a 10. *mille.* Si les Religieux, *comme dit S. Bernard*, pouvans soulager les malades ne le font, ils n'ont que la damnation à attendre, quelque vie austere qu'ils puissent mener.

RELIGIEUX MENDIANS.

1. Ils font obligez, autant ou plus, que les Abbayes à faire l'aumosne suivant leur force ; les miracles de leur Besaces qu'ils voyent tous les jours les y doivent exciter ; & comme la plus grande des aumones, comme il a esté dit, est de procurer la santé aux pauvres gens, pour gagner leur vie, & celle de leurs familles, la plus grande des aumones aussi, est de leurs procurer des remedes.

2. Outre cela, c'est le moyen le plus asseuré pour attirer sur eux, les Benedictions du Ciel, *& la graisse de la terre*, pour parler le langage de l'Escriture. *Il est dit : date, & dabitur vobis.* Et S. Ambroise remarque, que les habitans de Malthe regarderent saint Paul, comme un demy Dieu, quand ils virent que les morsures du serpent ne luy faisoient point de mal, & cependant qu'ils ne luy donnerent rien,

quoy qu'ils le viſent tout nud, & avoir beſoin de tout aprés ſon naufrage, mais qu'ils luy en donnerent abondamment *aprés qu'il euſt gueri leurs malades*. *Omnes qui in inſula habebant infirmitates, accedebant, & curabantur, & multis honoribus nos honoraverunt, & navigantibus, impoſuerunt quæ neceſſaria erant.*

3 Beaucoup de Religieux ſuivant ce grand exemple, qui ne pouvant guerir comme ſaint Paul par des voyes miraculeuſes, ſe ſervent des remedes naturels; *le Frere Ange Capucin* entr'autres, le fait dans ſon Convent du Faux-bourg S. Jacques. Le Frere Apotiquaire des petits Auguſtins, celuy des Carmes de la place Maubert, celuy des Religieux de l'Abbaye S. Denis, *le Prieur Regulier de la Capriere*, que le Roy avoit appellé en Cour, & qui l'y vouloit retenir, qui neanmoins la quittée pour aller continuer dans ſon Village, la diſtribution charitable, qu'il fait, il y a long-temps aux pauvres gens de ſes remedes. *M. Gendron Preſtre*, *devenu Abbé*, pour avoir ſoulagé le Cancer de la feu Reine Mere : & mille autres qu'on pouroit nommer

4. Mais ſur tout, *les ſaints Religieux de l'Abbaye de la* Trappe, ces vrays Enfans de S. Bernard, qui mangeoit du pain, où tout le ſon eſtoit Ces ſaints Anacorees qui ne parlent ny n'écrivent à perſonne, qui ne mangent ny chair, ny poiſſon, qui ne boivent point de vin, pour epargner, & avoir de quoy de leur petit revenu, donner l'aumone liberalement, & des remedes, à tous ceux qui y viennent en foule tous les jours. Ils n'ont que 4. *mille Livres* de rente, ils ſont 40. à 50 Religieux, ils gagnent le reſte de leur vie par le travail de leur mains, à l'exemple des premiers Religieux, & des premiers Diſciples de leur S. Patriarche.

MISSIONAIRES.

1. Il n'y en aura jamais de plus parfaits, ny de plus ſuivis, que Jeſus-Chriſt, & ſes Apoſtres; *Turba magna ſequebatur eum*, dit S. Chryſoſthome, *quia curabat omnes, & ſanabat omnes.* Le peuple ſuivoit *Ieſus-Chriſt* en foule, parce qu'il gueriſſoit tous les malades.

2. Il a ordonné à ſes Apoſtres, & en leur perſonne, à tous les gens d'Egliſe aux Miſſionaires ſur tout, d'avoir ſoin des malades par tout où ils iront. *In quamcumque Civitatem intraveritis, curate infirmos.* S. Paul mena long-temps avec luy, S Luc qui eſtoit *Medecin*, & le loüe de ce qu'il ſoulageoit les malades par ſon art, quoy qu'il put les guerir miraculeuſement.

3. *S. Coſme*, & *S. Damian*, *S. Polemon*, & tant d'autres marquez dans l'Hiſtoire ſainte, l'ont fait parfaitement, comme il a eſté dit, privativement aux Laïques pendant 7. à 800. ans, & n'ont ceſſé de le faire, comme il a eſté remarqué, que par un relachement criminel, ſoubs pretexte, que la chirurgie eſt deffenduë aux gens d'Egliſe, à cauſe de l'effuſion du Sang.

4 Les Cathedrales de la Flandre Eſpagnole, comme il a auſſi eſté dit, font encore diſtribuer des remedes par un de leurs Chanonies.

5. Saint Xavier Jeſuite, ce grand Miſſionaire, & Apoſtre des Indes dans le dernier ſiecle, l'a auſſi fait, & ordonné à tous les Miſſionaires qui travailloient avec luy, comme on voit par la Lettre qu'il écrivit *au P. Gaſbar Superieur des Miſſions d'Ormus:* Où il luy recommande ſur tout, d'avoir ſoin des malades, comme le moyen le plus efficace pour gagner le cœur des peuples.

6. Ce ſaint *Eveſque d'Heliopolis*, qui a quitté noſtre France pour s'aler ſacrifier dans les Indes, aſſure dans ſes relations, qu'il convertit plus de monde par le ſoin, que ſes Miſſionaires prennent des malades, que par les Sermons & les predications. Il établit par tout des Confrairies de la Charité: il a emporté de ces remedes Royaux pour les pauvres comme nous avons dit. On l'appelle & les ſiens à la Cour des Princes, en qualité de Medecins, & obtiennent par là ce qu'ils deſirent

7. En l'Iſle de *Sant-Erini*, les Miſſionaires Jeſuites, ont gagné les bonnes graces des Turcs, & des Grecs ſchiſmatiques qui eſtoient leurs ennemis capitaux, par les remedes, qu'ils y ont diſtribué, comme il ſe voit par leur relation imprimée à Paris l'an 1657.

8. L'an 1582. le Pape Gregoire XIII. ſur la ſupplique des Miſſionaires Jeſuites, a exorté tous les gens d'Egliſe, & les Miſſionaires entr'autres, de diſtribuer des

remedes aux pauvres : car comme il a esté dit , dés qu'on publie que l'on distribuëra des remedes aux Missions tout le monde y court; comme ceux de l'Isle de Malthe, eurent recours à S. Paul , & ceux de Jerusalem , & des Villes voysines , à S Pierre. Un homme gueri par les soins des Missionaires leur en sçair plus de gré , qu'il ne se tient leur obligé, pour leurs sermons , & exortations ; & se laisse ensuite conduire au spirituel, comme ils veulent, esperant qu'ils gueriront leur ame , comme ils ont gueri leur corps.

9. Enfin , on le voit par l'experience des Missionnaires qui n'estoient pas suivis, les meilleurs souvent ne le sont guere au commencement des Missions , ils firent publier aux Paroisses, qu'on distriburoit des remedes aux malades , & on y accourut de 10. & 12 lieux loing

10. Ceux qui suivent cette pratique , on vient à eux en foule dés le premier jour, comme on venoit à *Iesus Christ* , & ses Apostres. *Quia curabant omnes.*

11. Nos Heretiques disent , que la charité mourante des Catholiques envers les pauvres , du temps de Calvin , a donné lieu à leur separation. Que leurs Ministres & Predicans , n'ont établi leur Religion, ne l'ont augmentée, & ne la meintiennent, que par le moyen des Consistoires qu'ils ont établi dans tous leurs Temples, pour assister leurs pauvres , & tous ceux qui embrassent leur secte , à l'exemple des premiers Chrestiens , à l'egard des payens convertis , *Non erat egens.*

12. En consequence , nos huguenots se raillent , de plusieurs de nos Missionaires , qu'ils disent se contenter de faire de grandes, & longues Processions à divers personnages , sans établir des assemblées de Paroisse , pour exercer les œuvres de misericorde suivant l'Evangile ; des Hospitaux generaux , pour instruire les pauvres à la pieté , & à des metiers ; & des Confrairies de la Charité de S. Charles Borromée de l'un & l'autre sexe, pour assister toute sorte de necessiteux , sains & malades honteux , prisonniers , accorder les procez , & querelles , &c. Et enfin, les huguenots se mocquent de ces Missionaires qui ne travaillent pas à faire ces establissemens charitables , & les traitent de *Comediens Spirituels* , qui cherchent , disent-ils, leurs interrests plus-tost que ceux de *Iesus-Christ.*

CUREZ.

Ie me suis oublié de dire cy-dessus.

1. Que beaucoup de Curez disent qu'ils ne peuvent donner ny procurer du pain , ny des remedes aux pauvres gens , parce qu'ils sont reduits à la portion pretenduë congrue de 200. *livres* , qui n'est que 10. *sous* par jour , qu'ils sont reduits souvent, dans des Villages , où le casuel ne produit quasi rien , en sorte qu'ils voyent mourir & languir leurs Paroissiens , sans pouvoir leur donner que des larmes.

2. Cependant que les gros Decimateurs, Evesques, & Abbez, qui ne leurs donnent que dix *sous*, par jour pour faire ce qu'ils devroient faire, les traitent plus mal qu'une trouppes de *leurs laquais* à qui ils donnent 20. *sous* par jour dans Paris pour leur nourriture, les habillent superbement , les gagent ou les recompensent pour suivre un carrosse, & ne servir qu'au luxe & à la vanité, & dépoüillent les Ministres qui servent à l'Autel, qui instruisent les peuples , & administrent les Sacremens , qu'ils mettent dans l'impuissance de faire l'aumône aux pauvres.

3. Attendant que le Ciel y pourvoye, car *ab initio non fuit sic :* Ces Curez sont obligez neanmoins ou de quitter ou de denoncer par acte aux Evesques , gros Decimateurs , seigneurs de Paroisses & à leurs Paroissiens , qu'ils quitteront , si on ne procure du secours aux pauvres , & qu'ils sont obligez de faire ce denonci , à peine de *damnation* , suivant l'exemple de S. Augustin qui le declaroit publiquement dans les Sermons , quand les fonds luy manquoient.

4. Si aprés cela les Evesques ny pourvoient, ny les autres cy-dessus nommez , malediction sur eux. Sur de pareilles remontrances faites au Roy par le feu *Seigneur Vialart Evesque de Chálons en Champagne* , dont la memoire sera éternelle, il luy fut permis par Arrest de donner aux Curez qui en auroient besoin , 300. *livres* de pension cuogruë, à prendre sur les fruits des gros Decimateurs. La charité de ce S. Prelat merite d'estre canonizée. Il donnoit tout , & les revenus de son Evesché , & ceux de son grand patrimoine.　　　　　　　　　　　　　　　　　　　　　　5. Sans

5. Sans attendre ce secours les Curez les plus pauvres ne peuvent à present s'excuser de procurer des remedes aux malades, puisque le Roy en donne, & qu'il n'y a qu'à en demander : Mais *les Huguenots* disent que plusieurs ne le veulent pas faire de crainte que cela ne donne lieu de leurs demander aussi quelque aumône pour aider a nourrir les pauvres malades.

6. Que cependant les Curez de village les plus pauvres, qui ne font que des païsans souvent, font d'ordinaire plus riches que leurs pere & mere, & tous ceux de leur famille qui font accablez de taille, dont ils font exempts ; & qu'enfin quoy que l'on dise que leurs cures font mauvaises, plusieurs plaident pour les avoir, & s'y maintenir, ce qui est une marque qu'on n'y est pas si mal qu'on ne trouveroit quelque chose pour secourir les pauvres, si on n'avoit de la charité.

7. Enfin, ils n'ont qu'à imiter une partie de ce que fait le Curé de *Marcilly*, dont on a tant parlé, qui distribuë des 8. & 10. *mille* medecines par an, dont le tronc fournit dequoy secourir les pauvres : & à qui on offre tant de presens, qu'il en vivroit s'il les vouloit accepter ; ce qui arrivera à tous ceux qui soulageront les malades : Témoin ce qu'on vient de dire des presens que les habitans de Malthe firent à S. Paul, aprés qu'il eust guerri leurs malades.

CONCLUSION.
Du traitté du Missionnaire.

1. On voit parce qui a esté dit cy-dessus, que tous les Chrestiens font obligez de procurer des remedes à tous les pauvres qui en demandent, aussi bien que du pain, A PEINE DE DAMNATION. J'ay eu faim, j'ay esté malade, vous ne m'avez pas assisté : Allez, maudits, à tous les Diables.

2. Que les Evesques sur tout y font obligez, à peine de la plus grande des damnations, à cause de leur Caractere & de leurs grands revenus, que les Abbez, aussi les Curez, les Beneficiers, Missionnaires, & seigneurs de Paroisse y font obligez : Les Directeurs des Hospitaux generaux, & des malades en doivent aussi faire distribuer à tous les malades du dedans & du dehors de leurs hospitaux : Mais sur tout ceux qui y font obligez par vœu, comme les Sœurs grisses, les Chevaliers de S. Lazare, les Religieux de la Charité, &c. Ils ne peuvent éviter l'Enfer, s'ils y manquent.

3. Car ils tuent, comme dit S. *Ambroise*, & égorgent tous ceux qui meurent & languissent qu'ils peuvent soulager, s'ils ne le font pas : *Date omni petenti.* Cet imperatif, *date*, dit S. *Chrysostome*, marque que c'est un commandement, à peine de damnation.

4. Cela regarde principalement comme il a esté dit : Les Beneficiers qui ne jouïssent de leurs revenus qu'à cette condition ; & sur tout ceux qui s'y font obligez par un vœu particulier ; comme les Chevaliers de S. Lazare, dont les biens font destinez à cela, & s'ils ne le font pas, ils tuent tous les ans comme on a remarqué, plus de 2. à 300. *mille* pauvres qu'ils peuvent assister, faisant du moins distribuer de ces remedes Royaux qui ne leurs couteroient rien, ou autres meilleurs s'ils en trouvent, & à meilleur marché, dans les Maladeries qu'ils ont dans le Royaume.

5. Les Religieux de la Charité de mesme, qui ont 25. hospitaux dans le Royaume, turont tous les ans 100. *mille* pauvres, s'ils refusent de distribuer de ces remedes Royaux ou autres, à tous les pauvres du dehors, mesme de leurs hospitaux de crainte de déplaire aux Medecins interressez qui pourroient faire diminuer leurs aumônes pour les raisons cy devant dites.

6 Les Sœurs Grises aussi, appellées filles de la Charité, qui ont plus de 50. établissemens dans le Royaume, en égorgeront plus de 200. *mille* par an par l'avis de leurs Directeurs, s'ils refusent pareillement de distribuer ces remedes Royaux qu'on leurs offre, ou autres de la composition de l'Apotiquaire de leurs Directeurs. Leurs envieux comme on a dit, disent qu'elles ne le veulent pas, de crainte aussi de déplaire aux Medecins qui pourroient les faire renvoyer & les empescher, elles & leurs Directeurs de s'établir dans toutes les Villes qu'elles desirent. *Pureté d'intention, fille du Ciel, éclairez les esprits & échauffez les cœurs, particulierement de ceux qui se disent charitables.*

7. *Sont ceux qui ont plus à craindre, disoit S. Chrisostome, les gros pechez d'action sautent aux yeux, disoit ce S. Docteur, les plus méchans en ont souvent de la douleur,*

& souhaittent de s'en corriger; mais pour les pechez d'omission, l'amour propre les couvre, les demy-charitables se croyent, in statu perfectionis accuisitæ Et cependant pour n'avoir pas fait tout le bien qu'ils pouvoient faire, & n'avoir pas correspondu aux mouvemens qu'ils ont eu pour cela, ces semy-charitables déchoiront peu à peu, & n'auront que l'Enfer pour partage.

CHARITE' DU SEIGNEUR DUC DE MONTAUSIER

ET

de M. le Mareschal de Bellefonds envers les pauvres malades.

1. M. *le Maréchal de Bellefonds*, l'année 1670. obtint du Roy de ces remedes de pauvres, pour le *P. Nau*, Superieur des Missionnaires Jesuites au Levant, & l'année 1680. pour ceux de Canada. Les Relations des Missionnaires, qui distribuent des remedes, celles de *Saint-Eriny*, entr'autres, & du Royaume *de Siam*, font voir que cela contribuë à des conversions innombrables : Car comme disoit, *S. Chrysostome, l'homme n'a rien de plus cher que la vie, & la santé, & accorde tout, à qui le delivre des douleurs, pertes & ruines qui causent les maladies, &c.*

2. Enfin, nostre charitable Missionnaire, fait voir qu'on satisfera au commandement de l'Evangile, qu'on augmentera les revenus du Roy de plusieurs millions, ceux des particuliers, & les biens des ouvriers, & paysans, si on leur procure des remedes pour guerir promptement leurs maladies & celles de leur bestiaux ; qu'il n'en faut qu'un pacquet par an a chaque Hospital, & Paroisse où il y aura dequoy faire 3. à 400. Medecines, qui ne coustera que 12. *francs*. Pour cela qu'il n'y a qu'à lever 2. *liards*, ou *un sou*, sur chaque contribuable, aux subsides, comme le Roy retient deux liards, ou un *sou*, sur la paye de chaque soldat & matelot, pour la construction, & entretien des Hospitaux pour les gens de Marine.

3. Que le peuple payera cela avec joye, car il n'y a point de famille, comme il a esté dit, dont quelqu'un ou quelque animal ne tombe malade tous les ans, qu'on voudroit guerir pour quelques *sous*.

4. Par ces remedes encore on garantira le Royaume à jamais de toutes pestes & maladies populaires, comme on a veu à *S. Didier en Lorraine* en 1675 M Pellisson Maistre des Requestes suivant le Roy, répandit de ces remedes charitablement, qui y firent cesser d'abord toutes maladies contagieuses ; & dans la basse Alsace.

5. Les gazettes nous ont fait une affreuse peinture des ravages qu'à fait la peste dans la Hongrie, *Transilvanie*, & l'*Autriche* ; que dans la Ville de *Presbourg*, il n'a resté que 18. habitans ; que dans *Vienne* le siege de l'Empire, il y est mort tant de monde, que les cadavres ont esté long-temps sans estre enterrez, qui pourrissoient dans les ruës & les maisons, rongez des chiens, des chats, & des rats, & infectoient toute la Ville d'une puanteur insupportable. Que les Estats voisins ont eu tant d'horreur de ce mal, qu'ils ont fait pendre ceux que l'on soupçonnoit venir de ces lieux infectez de peste qui est une nouvelle façon de quarantaine, bien contraire à la charité de l'Evangile : *Ne faites, que ce que vous voudriez vous estre fait, &c.*

6. Enfin toutes les Gazettes ont dit, qu'il est mort dans cette seule Ville Imperiale plus de 150. *mille* personnes à moins d'un an, qui n'est pas grande comme la sixiéme partie de Paris.

Par proportion, s'il estoit mort dans Paris 900. *milles* personnes en un an, si les ruës & les maisons estoient plaines de cadavres puants, & infects ; si les peuples voisins pendoient les François qui iroient chez eux, si le Roy en cet estat, se voyoit dans l'impuissance d'atraquer ses ennemis, & de s'en deffendre, que ne donneroit-il pas pour délivrer son Royaume d'un tel malheur : Il n'y a rien qu'on ne doive faire pour cela, à l'exemple de ce que fait *Rome, Venise*, &c. L'histoire remarque, que sous l'Empereur Claude, il sortit une peste maligne d'Egypte, qui se repandit dans toutes les Provinces de l'Empire Romain, qui fit mourir les deux tiers des habitans, fit perir les armées, & donna lieu à la decadance de l'Empire.

7. La Peste qui afflige à present l'Allemagne, a commencé en Perse, a ravagé la

Turquie, Pologne, Moscovie, s'est repanduë en Espagne, & menace toute l'Europe. On en garentira la France, comme il a esté dit, & de toutes autres maladies populaires, si on procure un pacquet de ces remedes des pauvres à chaque hospital & paroisse du Royaume, ce qui se peut, comme il a esté remarqué, sans qu'il en couste rien au Roy.

8. Persuadez-le, Monseigneur, à sa Majesté, cela rendra sa memoire immortelle, & la vostre devant Dieu, & les hommes ; bien plus, que si vous contribuiez à luy conquerir toute l'Europe : Car où est la Ville ou le Royaume, qui fasse le Panegyrique tous les ans de Cesar, ny d'Alexandrie, pour les avoir conquises autre fois ? Et l'Egypte le fait, il y a plus de 3. mille ans de *Ioseph Vice-Roy* pour avoir eu soin des pauvres.

9. De mesme, tous les ans, les Hospitaux generaux & Confreries de la Charité de toutes les Villes & Paroisses du Royaume, feroient le Panegyrique de sa Majesté, & le vostre y seroit inseré, comme on a commencé en divers lieux de vostre gouvernement les jours de leurs processions generales ; de plus, tous les jours a perpetuité on priera pour Sa Majesté, & pour vous, Monseigneur ; & *à la mort* vous aurez la couronne promise au charitables.

10. Cependant, vostre exemple, Monseigneur, & les relations qui suivent imprimées par vostre commandement, conviront comme il a esté dit, les Seigneurs & Gouverneurs charitables de procurer des remedes à leur Paroisses & hospitaux : comme ont fait ceux qui sont cy-dessus nommez, & autres cottez dans *le chap. 2. du livre.*

11. La pluspart sont Laïques, il y a aussi des gens d'Eglise, qui le font avec une charité qui merite des Autels ; mais le zele de plusieurs est appliqué ailleurs, quoy que *S. Chrysostome*, comme il a esté remarqué, dit aprés l'Evangile, qu'ils y sont obligez particulierement, à peine *de damnation*, à cause des revenus dont ils jouïssent. *Allez maudits dans les flames eternelles, car j'ay esté malade, & vous ne m'avez pas assisté.*

12. Si on distribuoit les remedes dont est parlé cy-dessus, aux pauvres gens dés qu'ils se trouvent malades, la plusart gueriroient en deux ou trois jours, sans sortir de leurs maisons, & ne seroient pas à charge aux Hospitaux des malades, où ils languissent souvent un long-temps, ny aux Hospitaux generaux, comme disent les *Religieuses Hospitalieres de Falaise*, dans leur relation qui est cy-aprés ; *& M. le premier President de Pau*, car beaucoup de familles sont reduites à la mendicité par les maladies des Peres, ou des Meres quand elles sont longues.

13. *Enfin, nostre zelé Missionnaire conclut* qu'il ne meurt pas, comme il a esté dit, un cheval dans le Royaume, de maladie, que le proprietaire, ne luy procure des remedes : & qu'il meurt, & languit des milliers de Chrestiens, faute de remedes *que s'il y avoit 5. sous a gagner pour guerir chaque pauvre qui tombe malade dans le Royaume, que des partisans l'entreprendroient, parce qu'il y auroit des cent mille écus à gagner par an : Mais quoy que Dieu promette des millions, monnoye de Paradis, ceux mesme qui sont les plus obligez, ne s'y appliquent pas, parce que la monnoye du Ciel n'a pas de cours parmy eux. Cependant qu'il n'y aura que cette monnoye qui aura cours en l'autre, & si on y pensoit, & aux suites funestes du jour redoutable de la mort, tous les pauvres seroient bien-tost secourus*, comme dit S. Chrysostome.

A MONSEIGNEUR LE DUC DE MONTAUSIER.

Cures extraordinaires faites dans les terres du *Seigneur Duc de Montausier*, par les remedes des pauvres.

EXTRAIT

De la Lettre du sieur *Sagot Chirurgien*, de Ramboüillet du 20. Janvier 1680.

MONSEIGNEUR,

Voicy la relation d'une partie des Cures extraordinaires qu'ont fait les remedes des pauvres que vous avez eu la charité de m'envoyer pour vos Vassaux. Ils sont divins, & tiennent du miracle; *je n'en ay veu aucun mauvais effet.* On y vient de 10. lieües à la ronde. J'en donne à tout le monde *gratuitement*, comme vous me l'avez commandé; tout le peuple vous donne mille benedictions, on prie dans toutes les Paroisses pour voftre profperité, on n'entend parler que de voftre charité dans les rües, dans les chemins, & les marchez, &c.

Letargie.

1. M. *du Ruet*, garde du Roy tombé en letargie d'une groffe pleurefie aprés 5. faignées, & tous les remedes ordinaires fans foulagement, je fus appellé, je l'ay guery avec 2 Medecines fuivant le livre, poudre, & infufion.

Pleuresie.

2. *Nicolas d'Abin*, fe mouroit auffi d'une furieufe Pleurefie; On l'entendoit raler de la rüe. Il avoit efté faigné 7 fois, au bras, & au pied, & drogué à l'ordinaire fans aucun foulagement. On m'appella enfin, & je l'ay gueri d'une feule prife de poudre, & d'infufion, appellée *drogue* dans le livre. On n'a recours à moy qu'à l'extremité, les Medecins decrient ces remedes à caufe qu'ils gueriffent promptement & à peu de frais. Les pauvres gens qui n'ont pas de quoy payer une Medecine, qui ne viennent au commencement du mal, je gueris la plus-part d'eux, en 2 ou 3 jours fi le mal eft curable.

28. gros vers vomis par la bouche.

3. *La Veuve de Vaüe*, à l'extremité d'une fiévre violente, & d'un vomiffement que les remedes ordinaires n'avoient point foulagé. Je luy donnay la dofe de la pâte blanche & elle vomit 18. *gros vers d'un pied ne long le moindre*, & la fiévre ceffa 2. jours aprés le vomiffement la reprit, je luy ay donné, de la poudre jaune, & de la drogue elle rendit encore 10. *vers de mefme longueur* que les premieres, & eft tres-bien guerie

Il eft à remarquer, que les poudres purgent par le bas, plus que la drogue & infufion, & que la guerifon eft plus prompte & plus feure, quand on en ufe avec la drogue, fuivant le livre.

Fièvre maligne.

4. *La Veuve Cimare*, fort mal, d'une fiévre continuë grand mal de tefte & de cofté, faignée trois fois, & droguée par les Medecins fans foulagement, une prife de la poudre blanche, avec de la drogue dans fa tifanne pendant 5. jours la tirée d'affaire

Poulmonique.

5. Un Muletier, de Monfeigneur, jugé poulmonique par M. *Seron Medecin*, qui n'avoit pu le foulager. Il touffoit & crachoit jour & nuit; il ne pouvoit fortir du lit, & ne pouvoit dormir, je luy ay donné les poudres, & l'infufion fuivant le livre, il s'eft levé, boit & mange bien.

NOTA, que le livre dit, que fi les poulmons font gaftez ces remedes ne les retablirons pas, mais que purgeant le malade, de 3. mois en 3. mois, on alongera fa vie, & on le delivrera des douleurs ordinaires aux poulmoniques.

pleuresie.

6. *Un autre Muletier*, de Monfeigneur, fe mouroit d'une groffe pleurefie il ne pouvoit refpirer, il crachoit le fang à poignée, une prife de la poudre jaune, fit ceffer fes douleurs par une grande évacuation, & de la drogue dans fa tifane pendant 5. jours fuivant le livre, l'a tiré entierement d'affaire.

Pleuresie.

7. *La fille du Jardinier*, à l'extremité auffi, d'une groffe pleurefie, qui crachoit le fang à gros boüillons, a efté guerie par la poudre & une cuillerée de drogue dans fes boüillons le matin, pendant 4. jours, le fixiefme on la vit dans les rües avec fon Enfant entre les bras, dont tout le monde fut étonné.

Langueur.

8. *La femme du Marefchal des Effarts*, languiffoit au lit, il y avoit 4. mois, fans foulagement des remedes ordinaires, une prife de la poudre, & de la drogue dans fa boiffon pendant 4. jours la mife fur pied

9. *La femme du Meufnier de Gazeran*, au lit depuis fix femaines, une prife de la poudre blanche, avec la drogue dans fon eau, en 4. jours elle a efté guerie.

Abfcez.

10. Une pauvre femme de la Paroiffe de Vieille Eglife avoit 5. abfcez avec une groffe fiévre, la poudre & l'onguent divin l'ont guerie en 10. jours.

Moribund.

11. *Un pauvre Limoufin*, venant de Verfailles malade il y avoit 3 mois, reduit à l'extremité, ne pouvant paffer outre, une prife de la poudre blanche, & de la drogue dans fon eau, l'ont mis fur pied en 5. ou 6. jours.

12. *La fille de Courade*, à l'extremité d'une fiévre continuë de 10. jours, qui

avoit perdu la parole il y avoit deux fois 24. heures. Je luy donnay une prise de la poudre, elle jetta 2. vers monstrueux, la parole luy revint 6. heures aprés; elle a usé de la drogue dans sa boisson pendant 5. jours, & elle est guerie.

13. Il y a 4. mois que la fille du Jardinier a la fiévre quarte, le remede que Madame la Duchesse luy a envoyé de Paris, l'a convertie en double quarte; je l'ay traittée comme dit le livre des remedes des pauvres, & voila 2. accez qu'elle n'a que des ressentimens. *Fiévre quarte.*

14. *Vn autre Limousin*, à l'extremité d'une pleuresie tres violente, traitté suivant le livre, a esté debout en 5. jours. *Pleuresie.*

15. *Vn Marchand de Montfort Lamaury*, estoit à l'extremité d'une dissenterie de 6. semaines, sans avoir esté soulagé des remedes ordinaires; une prise de la poudre blanche avec une cuilerée de la drogue dans un boüillon le matin pendant trois jours, l'a gueri parfaitement. *Dissenterie.*

NOTA: Quand les malades sont pauvres, qu'ils n'ont pas dequoy faire des bouillons, on met la drogue dans leur eau, aprés les avoir purgé comme dit le livre.

16. *Vn pauvre garçon Tisserand*, avoit une fiévre quarte violente, drogué à l'ordinaire inutilement; une seule prise de la poudre jaune, 2. heures avant l'accez, l'a guery parfaitement, & 4. cuillerées de l'infusion dans une chopine d'au tiede, aux 2. accez subsequens. *Fievre quarte*

17. *La fille de Me. Boëte*, poudriere, âgée de 14. ans, malade à mourir d'une grosse fiévre continuë, une prise de la poudre blanche, & de l'infusion dans sa tisane, pendant trois jours, l'ont tirée d'affaire, & guerie parfaitement. *Fiévre continuë.*

18. *La femme de Fouquet*, de cette Paroisse, grosse de 8. mois, malade d'une fiévre continuë, avec une douleur de costé horrible, une prise de la poudre blanche, & de la drogue dans sa boisson, suivant le livre, l'a mise sur pied en 8. jours. *Femme grosse*

19. *Deux jeunes garçons de 13. à 14. ans*, malades il y avoit 6. semaines, de fiévres continuës fort violentes, une prise de la poudre blanche; & de la drogue dans leur eau, en 8. jours ils ont retourné garder le bétail dans les champs. *Fievres violentes.*

20. *La Veuve Amasse*, á l'extremité d'une fiévre maligne, qui avoit perdu la parole, on m'envoya querir voyant que les remedes ordinaires n'operoient pas; je luy donnay une prise de la pâte jaune, 4. heures aprés la parole luy revint, & le jugement, & le pourpre sortit en abondance; le lendemain on la saigna malgré moy, le pourpre rentra, elle est morte. Sans doute qu'elle auroit gueri si elle n'avoit pas esté saignée. *parole perduë.*

21. *La femme du nommé Chartiere*, malade à l'extremité d'une grosse fiévre, je luy donnay une prise de la poudre blanche, elle rendit par la bouche 4. gros vers, longs d'un pied & 3 pouces: je mis de la drogue dans sa boisson, en 4. jours elle fut debout, les remedes ordinaires n'avoient point operé. *4. gros vers.*

22. Pour les cures ordinaires, le recit en seroit trop long, tous guerissent presque en 2. ou 3. jours; quand ils me viennent, ou qu'ils m'envoyent dés qu'ils sont malades. *Je n'ay point vû de mauvais effects.* Les Medecins ne sont pas trop aises, mais le respect qu'ils ont pour vous, Monseigneur, les retient.

A V I S.

1. Le Sieur *Boudalier* demeurant à *Avermenil* proche de *Dieppe*, en Normandie, écrit aussi, comme ledit sieur *Sagot*, denommé cy-dessus, que les Pharmaciens grondent, quoy qu'il distribuë *gratuitement* les remedes aux pauvres gens, & qu'il fait marché avec les riches pour une somme en cas de guerison, & rien en cas de non guerison, à la mode des Indes.

2. Cependant, que les Medecins le menacent, disant qu'il gaste le métier; & pour cela il a demandé la protection dudit Seigneur Duc Gouverneur de la Province, à ce qu'il leur soit deffendu de l'inquieter, jusques à ce qu'ils distribuent eux-

mesmes *gratuitement*, des remedes aux pauvres, auſſi bons, ou meilleurs que ceux dont il eſt parlé cy-deſſus.

3. Sur quoy *M. Deſtanchau*, Secretaire de Monſeigneur le Dauphin, a écrit de la part dudit Seigneur Duc de Montauſier, à M. le Gouverneur de Dieppe de le proteger.

FALAISE. Normandie. Religieuſes Hoſpitalieres. Remedes des pauvres. Cures extraordinaires.

EXTRAIT

De la Lettre de la Superieure deſdites Religieuſes, du 30. Octobre 1679.

A

MONSEIGNEUR

LE DUC DE MONTAUSIER,

Gouverneur de Normandie.

Monseigneur,

Il y a 6. à 7 ans que nous nous ſervons des remedes des pauvres avec grand ſuccez. M. *Peliſſon Maiſtre des Requeſtes* a eu la bonté de nous en envoyer quelquefois de la part du Roy : mais les derniers qu'il a plû à voſtre Grandeur de nous procurer, reſſuſcitent les morts ; c'eſt une vertu ſecrette, que voſtre charité leur a communiquée, comme il ſe voit par les relations qui ſuivent.

Depuis que nous nous ſervons de ces remedes, dans noſtre Hoſpital, nous aſſiſtons 4. & 5. fois plus de malades *que nous ne faiſions auparavant*, car ils gueriſſent *bien plûtoſt*, & au dehors nous en ſoulageons des milliers : on y vient de 5. à 6. lieuës à la ronde.

S'il y avoit de ces remedes dans toutes les Paroiſſes, & Hoſpitaux du Royaume on ſauveroit la vie à un nombre incroyable de perſonnes, qui meurent faute de ſecours, dont les familles ruinées ne peuvent payer la taille, ny les rentes qu'ils doivent aux Seigneurs.

Il ne faudroit qu'un pacquet de ces remedes par an à chaque Paroiſſe, il y a de quoy faire 3. à 400. medecines dans chaque pacquet, il ne couſte *qu'onze livres* Je voy que tout le monde les peut diſtribuer, avec ſuccez.

Par ce moyen encore, on épargneroit de grands frais aux Hoſpitaux des malades, & aux Hoſpitaux Generaux : la pluſpart des malades prennant ces remedes dans le commencement du mal, gueriroient en 2. ou 3. jours ſans ſortir de leurs maiſons, comme je vois.

Quand les maladies des peres ou des meres ſont longues, ils languiſſent dans les Hoſpitaux des malades, leur famille tombe dans la mandicité, on eſt contraint, de les enfermer dans les Hoſpitaux Generaux.

Enfin, *Monſeigneur*, ce ſera un chef d'œuvre de charité digne de voſtre zele, ſi vous conviez le Roy de procurer un pacquet de ces remedes par an à tous les Hoſpitaux & Paroiſſes du Royaume.

On m'a dit qu'on retient 2. *liards* ou un *ſou* par an, ſur la paye des ſoldats & matelots pour conſtruire & entretenir leurs Hoſpitaux, de meſme on pourroit lever pareille ſomme ſur les contribuables aux ſubſides : ils les payeroient volontiers.

Il n'y a point de famille où tous les ans il n'y aye quelque malade, qu'on voudroit pouvoir guerir pour quelques ſous.

Tout le peuple , *Monseigneur* , redoubleroit ses prieres pour la properité de sa Majesté , & la vostre. Nostre Hospital retentit des loüanges qu'on vous donne Nos pauvres gueris ne peuvent se lasser de prier pour vous , comme fait aussi nostre Communauté soir & matin , & aprés le repas , &c.

C U R E S.

1. *Vn enfant de trois semaines* : qui est mon parent , crioit sans cesse nuit & jour , les remedes ordinaires ne le soulageoient point , je luy envoyay de ceux des pauvres suivant le livre , qui le purgerent par le haut & par le bas , & dans le moment il s'appaisa , & se porte bien. *[Enfant de 3. semaines.]*

2. Une de nos Sœurs hospitalieres , fort tourmentée d'un mal de ventre & d'estomac , sans avoir pû estre soulagée par les Medecins , je luy baillay les doses de la poudre , & de la drogue : suivant le Livre & *le Billet de Monseigneur le Mareschal de Bellefonds* , elle rendit un seau de bile jaune , verte , & autres vilenies , le mesme jour ses douleurs cesserent , & mangea avec appetit. *[Religieuse fort male]*

3. *Sept Soldats de nostre Garnison , tres malades dans vostre Hospital , qu'on jugeoit à la mort , ne vouloient point prendre de ces remedes , tant les Medecins les décrient; l'un d'eux en demanda , voyant que les ordinaires ne le soulageoient point; il guerit dés la premiere medecine , les six autres en demanderent en suite , & tous guerirent.* *[Soldats.]*

4. *Vn huitiéme nous fut amené , malade d'une fiévre chaude , avec une frenesie si furieuse , qu'il faloit le lier , toute sa fureur se passa dés que la medecine opera , il rendit des sceaux de vilenie par le haut & par le bas. Vne seconde medecine le guerit parfaitement , & fut rétabli en 3. jours.* *[Delire furieux]*

5. *Vn autre Soldat nous fut amené , languissant d'un abcez qu'il avoit dans le corps , les saignées ny les medecines ordinaires n'y avoient rien fait , dés la premiere medecine des pauvres , il rendit par la bouche une éculée de pus tout pur , & fut rétabli incontinent aprés la seconde medecine.* *[Abcez.]*

6. Iean *Tilly* , Muletier de Guerande , tourmenté d'une fiévre chaude horrible , avec delire , les Medecins le saignerent 12. jours de suite , sans soulagement , estant par eux condamné à la mort , je luy donnay du remede , suivant la methode de mondit Seigneur le Mareschal de Bellefons , & guerit dés la premiere medecine. Il rendit deux ou trois sceaux de vilenie , toutes ses douleurs cesserent , & son delire , dés que la medecine opera , dequoy les Medecins furent bien estonnez qui l'avoient condamné. *[Fievre & delire.]*

7 *Vn mien frere* , jeune & delicat , fort tourmenté d'un mal d'estomac , fut gueri en demi-heure.

8 Ma mere fort âgée , & aussi esté guerie d'un tres grand mal de cœur inveteré , que les autres remedes n'avoient pû guerir.

9. Ma sœur a aussi esté guerie d'un tres-grand mal d'estomac , qui avoit resisté aux remedes des Medecins.

10 Un pauvre homme de journée de la Parroisse du *Menil Hermé* , malade d'une fiévre quarte il y avoit un an , en sorte que luy , sa femme , & six enfans mouroient de faim , on me vint dire qu'il trembloit la fiévre , à la porte de nostre Eglise : je le fis entrer & mettre dans un lit , & le gueris avec 2. medecines; sa pauvre femme & ses six pauvres enfans le vinrent querir : ils pleuroient tous de joye , toute l'Eglise retentissoit des benedictions qu'ils donnoient au Roy , & à vous , Monseigneur , qui procurez ces remedes aux pauvres. *[Fievre quarte d'un an.]*

11. Un autre homme de journée de ladite Paroisse nous vint demander des remedes pour une fiévre d'un an , & au bout de 8. jours , nous vint remercier fort sain. *[Idem.]*

12. *Anne Calu* , Poissonniere , a esté guerie d'une fiévre tierce violente dés la premiere prise.

13. *Françoise de la Haye* , & deux pauvres femmes de la Paroisse d'*Enez* , ont esté gueries de mesme mal d'une seule prise.

14. *Marie Belio* , abandonnée des Medecins , guerie d'une furieuse colique , avec 15. grains de la pâte jaune , & du vin commun , n'en ayant de trempé. *[Colique.]*

Folie.

15. La servante de *Madame Preville* égarée d'esprit aprés une grosse fiévre chaude quoy que fort droguée par les medecines, guerie parfaitemeut par 2. prises de celle des pauvres, poudre & drogue.

Folie.

16. Le Valet de ladite Dame, gueri de mesme mal d'une seule prise, si affoibli par les remedes ordinaires qu'il laissoit tout aller sous luy.

Langueur d'un an.

17. La Fille de *Iean Fontaine*, languissante il y avoit un an au lit, guerie par 2. medecines. Cette pauvre fille gagnoit la vie de son pere caduc, & de ses petits freres estant en santé, qui tous estoient reduits à la mendicité par sa maladie.

Suffocations.

18. La fille de *la Coquerie*, Chandelier, guerie d'une furieuse fiévre continuë avec des douleurs par tout le corps qui la faisoient crier jour & nuit : Les remedes ordinaires n'avoient rien fait.

Idem.

19. *Ianne le Roy*, Buandiere, guerie d'une seule medecine, d'une longue maladie qui l'avoit prise aprés la perte de ses ordinaires. Elle estoit fort enflée, & perdoit souvent la parole par des suffocations de matrice.

Douleurs horribles.

20. Un pauvre garçon qui avoit une courbature, sentoit des douleurs terribles par tout le corps, il grinçoit des dents, faisoit des contorsions de Demoniacle, & hurloit épouvantablement, il faisoit de la compassion à tout le monde. Je luy donnay deux medecines coup sur coup, de 2 heures en 2. heures, dés que cela opera toutes ses douleurs cesserent, & le pauvre garçon les mains jointes, & les larmes aux yeux de joye, nous remercioit de l'avoir tiré de l'enfer, disoit-il.

Etique.

21. Un enfant de 13. mois de *Robert Paumé*, gueri d'une fiévre quotidienne tres-violente, qui l'avoit rendu presque etique, il ne luy restoit que la peau, & les os.

Je n'ay vû aucun mauvais effet de ces remedes, &c.

PONT-L'EVESQUE. CURE'.

A MONSEIGNEUR LE DUC DE MONTAUSIER,

Gouverneur de Normandie.

EXTRAIT de la Lettre de Monsieur le Curé de Pont-l'Evesque du 30. Juin 1679.

MONSEIGNEUR,

Nostre Ville vous remercie derechef, tres-humblement, des remedes que vostre Grandeur nous a envoyez de la part du Roy, il y a 3. mois, pour nostre Hospital General, & nos pauvres gens. Ils font des effets qui tiennent du miracle. *Ie les distribuë moy-mesme, & visite les malades, particulierement le jour de la purgation :* suivant l'ancienne pratique de l'Eglise, & celle encore aujourd'huy des Cathedrales de Flandre, des Reverends Peres Jesuites à Rome ; & de ces Reverends Peres Capucins entr'autres, qui sont à Paris dans le Louvre par ce moyen les pauvres gens se laissent conduire au spirituel comme on desire.

Nos remedes sont consommez, nous sommes affligez de maladies populaires. Nous supplions vostre Grandeur, de nous en procurer d'autres. Ce sera une charité digne de vostre zele, MONSEIGNEUR, d'en procurer aussi aux Paroisses voisines, qui sont accablées de maladies populaires comme nous, il y meurt & languit beaucoup de monde, faute de remedes, ils n'ont pas dequoy en achepter. Ces maladies sont cause, que plusieurs ne peuvent payer la Taille, ce seroit rendre un grand service à sa Majesté de leur procurer la santé. C'est remedier au mal, que de le découvrir à vostre Grandeur. Vostre charité embrasse tout le bien qu'on luy propose, &c.

Cures supernantes, qu'ont produit ces remedes, depuis trois mois.

1. Je ne vous parleray point des Cures communes, le nombre en est trop grand. D'ordinaire on guerit de tous maux en un jour ou deux d'une seule medecine, quand on la prend dés qu'on se trouve malade.

2. *Françoise Venier*, paroissoit lepreuse, son corps estoit couvert en divers endroits d'une galle horrible; les mains entr'autres & les doigts. La galle surpassoit les ongles de l'épaisseur d'un poulce. Elle a esté parfaitement guerie en trois semaines. Je suis le livre aveuglement. *[marginal: Femme lepreuse.]*

3. *Barbe Noiron* guerie d'une fiévre quarte de dix-neuf mois, par 3. medecines. *[marginal: Fiévre de 19. mois.]*

4. *La nommée Clomelle*, guerie d'une pareille fiévre de huit mois par 2. medecine.

5. *Guillaume Drugeon*, gueri d'une pareille fiévre quarte de 9. mois, par 2. medecines.

6. *Iean de Roque* Boucher, gueri d'une fiévre double quarte d'onze mois dés la premiere medecine. Il estoit fort tourmenté.

7. *M. le Vicaire* du Pont-l'Evesque, grievement malade d'une fiévre continuë, a esté parfaitement gueri de la premiere prise. Les remedes ordinaires ne l'avoient pû soulager, ny tous les malades cy-dessus nommez.

8. *Iean le Cauchoix*, malade d'une fiévre & colique violente, sans avoir aussi receu du soulagement des remedes ordinaires, a esté parfaitement gueri dés la premiere medecine. *[marginal: Colique.]*

9. *Iean Pellerin*, Cordonnier, gueri d'une maligne fiévre tierce par la premiere prise.

10. Deux autres Artisans malades de pareil mal, gueris de la mesme façon.

11. J'ay donné de ces remedes à 2. ou 300. malades de la Campagne, de toutes sortes de maladies, avec ordre de revenir de leur part, s'ils ne guerissoient pas de la premiere prise. On n'est pas revenu, c'est signe qu'ils sont gueris; car on revient quand ils ne le sont pas.

12. Enfin on sauveroit la vie, à des milliers de Chrestiens, qui meurent & languissent tous les ans, s'il y avoit de ces remedes dans toutes les Parroisses, il n'en faudroit qu'un pacquet pour chacune par an, qui ne couteroit que 10. ou 12. *livres*. Et le Roy y gagneroit des millions, la Taille seroit mieux payée, & les fermes des Seigneurs.

13. Je n'ay veu aucun mauvais effet de ces remedes.

VERNEUIL au Perche. Extrait de la Lettre de M. le Curé de S. Jean, du 14. Juillet 1679.

A

MONSEIGNEUR
LE DUC DE MONTAUSIER
Gouverneur de Normandie.

MONSEIGNEUR,

Voicy une partie des cures extraordinaires qu'ont fait depuis trois mois ces remedes divins pour les pauvres, que vostre Grandeur a eu la charité de nous envoyer de la part du Roy pour noſtre Hoſpital General. Je les fais diſtribuer par *Madame Gentil*, parce qu'elle y eſt ſçavante, elle en diſtribuë il y a *neuf à dix ans*. Sans cela je les diſtribuerois moy-meſme, comme font pluſieurs de mes Confreres en cette Province ſuivant la pratique de la primitive Egliſe, que les Cathedrales de Flandres obſervent encore, &c.

Le reſte de ſa lettre eſt conforme en ſubſtance, à celle du Curé du Pont-l'Eveſque & Religieuſes Hoſpitalieres de Falaiſe, qui ſupplient ledit Seigneur Duc, de procurer de ces remedes à toutes les Paroiſſes & Hoſpitaux, luy faiſant voir le grand nombre d'hommes & d'animaux qui meurent tous les ans faute de remedes, ce qui ruine un nombre incroyable de familles qui ne peuvent payer la Taille, ny les rentes deuës aux particuliers, &c.

CURES EXTRAORDINAIRES,

Ulcere.

1. *Iean Prevoſt*, pauvre payſan de la Paroiſſe du Cheſne, avoit une ulcere de 4. mois qu'il empeſchoit de travailler. Il avoit 7. enfans, les remedes ordinaires n'avoient pû le ſoulager. Un Chirurgien luy demandoit 25. *livres*, pour le guerir en trois mois. Il n'avoit pas cela vaillant. Il a eſté gueri parfaitement en quinze jours, par deux medecines des pauvres, compoſées des poudres, & de la drogue ſuivant le livre, & avec 2. emplâtres d'onguent divin' Le tout revenant *à 4. ou 5. ſous*, dont le Chirurgien a eſté bien mari.

Fiévre de deux ans.

2. *Iean Privay*, cardeur de la Paroiſſe de S. Jacques gueri d'une fiévre quarte de deux ans, par deux medecines, les remedes ordinaires n'avoient pû le guerir, ny tous les autres malades dont il ſera parlé cy-aprés

Colique violente.

3. *Iacques le Sage*, Tonnelier affligé d'une groſſe fiévre, & d'une douleur au ventre, qu'il ſentoit comme une barre de fer qu'il euſt eu deſſus, avec des maux des reins, & de cœur tres-violens, gueri par une ſeule priſe. Les remedes ordinaires n'avoient pû le ſoulager.

Fiévre.

4. *François Behin*, de la meſme Paroiſſe, gueri d'une fiévre quarte de 14. mois, par 2. medecines, & de la drogue dans l'eau qu'il beuvoit pendant l'accez, comme dit le livre.

Playe dangereuſe.

5. *Iudith Roger*, guerie en quatre jours d'une playe dangereuſe en la teſte large de quatre doigts, par une purgation, & emplaſtre d'onguent divin; le Chirurgien demandoit 2. écus pour la guerir en 2. mois.

Langueur.

6. La pauvre *Bergeronne*, languiſſante il y avoit un an, & abandonnée, guerie par une ſeule priſe.

playe.

7. *Iacques la Cour*, avoit une playe dangereuſe à un doigt, & la main groſſe enflée en danger de gangrenne, a eſté gueri par deux emplaſtres d'onguent divin, & une medecine.

Rumatiſme.

8. *Antoine le Hain*, affligé d'un rumatiſme, avec fiévre, la main & le bras enflez, & les doigts bleſſez, a eſté gueri en 4. jours par une medecine, & un emplaſtre dudit onguent, & a travaillé le quatriéme jour: les remedes ordinaires n'y avoient rien fait.

9. *Guillaume Coupel*, gueri d'une fiévre, & mal de coſté violent par une ſeule priſe.

Langueur.

10. *La femme dudit Coupel*, guerie d'une langueur d'un an, par 2. medecines, poudre & drogue.

Hydropiſie.

11. *François Devovart*, gueri d'une fiévre quarte de 9. mois avec hydropiſie, par 2. medecines.

Rumatiſme.

12. *Marie le Sage*, fort pauvre, guerie d'un Rumatiſme d'un an, par une ſeule priſe, & une ſueur ſuivant le livre.

Quarte d'un an.

13. *Robert Iouay*, Tanneur, gueri d'une fiévre quarte d'un an, par 2. medecines, & de la drogue dans l'eau qu'il beuvoit pendant ſon accez, ſuivant le livre.

Langueur.

14. *La pauvre Beruelle*, guerie d'une fiévre, & d'une langueur de ſix mois, par deux medecines.

Enfleure.

15. *Celerine Boiſt*, Maiſtreſſe d'Eſcole, enflée aux jambes, & aux pieds, avec des douleurs tres-violentes, guerie par une ſeule medecine.

16. *Marie Martin*, guerie d'un mal deteste tres-violent, dés la premiere prise, composée des poudres, & de la drogue.

17. *Philippe Prevost*, Ecclesiastique, gueri en un jour de douleurs tres-aiguës qu'il sentoit par tout le corps, par une seule prise. Les remedes ordinaires n'avoient pû le guerir, non plus que tous les autres, cy-dessus nommez. *suffocations.*

18. *Marguerite Bohin*, tourmentée de suffocation violentes, il y avoit long-temps sans avoir esté soulagée non plus, par les remedes ordinaires : a esté guerie par une seule medecine. *Langueur.*

19. *Iacques de la Voüe*, Cardeur, ruiné d'une langueur d'un an qui l'empéchoit de travailler, gueri par une seule prise. *Quarte d'un an.*

20. *Sa fille*, guerie d'une fiévre quarte d'un an, par 2. medecines.

21. Un grand nombre d'autres de la Ville & des Champs, ont esté gueris apparamment, car ils ne sont pas revenus demander des remedes.

22. Je ne parle point icy de tout plain d'autres cures, car on guerit d'ordinaire de toutes maladies, en 2. ou trois jours, quand on vient dés qu'on se trouve malade : C'est ce que je recommande aux pauvres gens dans nos Prosnes. Et de redoubler leurs prieres pour sa *Majesté*, & *vostre Grandeur*, qui nous procurez ces divins remedes, &c.

23. Je n'ay aussi veu, aucun mauvais effet de ces remedes.

VISMONTIER. Extrait de la Lettre du Curé du lieu du 24. Juillet 1679.

A MONSEIGNEUR

LE DUC DE MONTAUSIER

Gouverneur de Normandie.

MONSEIGNEUR,

Voicy les Cures extraordinaires, que j'ay faites par les remedes des pauvres depuis 3. mois, que vous avez eu la charité de m'envoyer de la part du Roy. Je les distribuë moy-mesme : Il n'y a point de maladie curable, que je ne guerisse en 2. ou 3. jours, quand on vient dés qu'on se trouve malade.

Ie n'en ay veu aucun mauvais effet, &c.

Il prie dans le reste de sa Lettre, ledit Seigneur Duc, comme font les Curez cy-dessus nommez, de procurer de ces remedes a toutes les Paroisses & Hospitaux de son Gouvernement.

CURES extraordinaires depuis 3. mois.

1. *Iean Fouquier*, gueri d'une fievre quarte de 10. mois, aprés 2. prises de poudre & de drogue. Les remedes ordinaires ne l'avoient pû guerir. *fievre quarte de 10. mois.*

2. *Pierre Huart*, gueri d'une pareille fievre d'un an, par 2. prises de poudre & de la drogue, dans le breuvage qu'il beuvoit, pendant son accez, les remedes ordinaires ne luy avoient rien fait.

3. *Iean Forget*, gueri d'une colique violente de six semaines, reduit à l'extremité, que les Medecins n'avoient pû soulager. *Colique.*

4. *La femme d'Estienne Roger*, & *sa fille*, malades à l'extremité de fievres continuës, maux de cœur & d'estomac, gueries par une seule medecine. *Fievres abandonnées des Medecins.*

5. *Elizabeth Gautier*, abandonnée des Medecins, guerie d'une violente fievre par une seule medecine.

6. *La femme de Iean Iobez*, guerie d'une violente colique dés la premiere prise. *Collique.*

Enflures.

7. Une pauvre fille, enflée à l'estomac & aux jambes, guerie par une prise dela poudre blanche.

Enfans.

8. Deux enfans de nostre Hospital, gueris de fievres continuës dés la premiere prise.

9. *Ieanne Salement*, & *Anne Boisseau*, malades de mesme mal, gueries par une seule prise.

Fievre chaude.

10. *Marie des Vaux*, & la servante du sieur des *Chuilieres*, malades de mesme mal, gueries aprés la premiere prise.

11. *Marie le Prestre*, enflée aux bras & à la main, sans pouvoir s'en servir, avec grand douleur, guerie par une seule prise, les Medecins n'y avoient rien pû faire.

Enflures. Abandonnées des Medecins.

12. *François Greslin*, languissant & mourant de faim, faute de pouvoir travailler gueri dés la premiere prise.

13. M. *Eaures*, *Ecclesiastique*, abandonné des Medecins, gueri d'une fievre chaude par une seule prise.

Colique.

14. M. *Iobez Prestre*, abandonné pareillement des Medecins, gueri d'une colique, maux de teste & de reims, dés la premiere prise.

15. Un grand nombre de gueris à la campagne, car ils renvoyent quand ils ne sont pas gueris dés la premiere prise; aux jours de marché principalement, ma maison est pleine de gens, qui viennent de loin demander des remedes : Tous ces jours là je ne fais qu'en distribuer, à l'exemple de ce saint & charitable *Curé de Marcilly*, du *Diocese de Langres*, qui distribuë 8. à 10. *mille* de ces medecines tous les ans. Depuis 3 ans on dit qu'il en a distribué plus de 60. à 80. mille.

CARANTAN

Cures extraordinaires. *Relation de M. Penon, Avocat du Roy.*

A MONSEIGNEUR

LE DUC DE MONTAUSIER,

Gouverneur de Normandie.

De Carantan le 4. Iuillet 1675.

MONSEIGNEUR,

Vous sçavez l'estat déplorable de nostre Ville. Le feu a brûlé nos cinq Faux-bourgs, & une grande partie de nostre Ville ; L'Hospital entr'autres des malades, avec tous les meubles que nous avions ramassé pour y établir l'Hospital general. Nous avons 4. à 500. familles entierement ruïnées ; c'est à dire, plus de 4 à 5000. personnes qui meurent de faim, & de maladies populaires. Ma maison a aussi esté brûlée, avec ce qui me restoit de ces remedes pour les pauvres, que vostre Grandeur m'avoit envoyé de la part du Roy : Nous n'esperons de secours aprés Dieu, que de vous, *Monseigneur*, auprés *de sa Majesté*, pour soulager les miseres de ces 4. à 5. mille personnes qui perissent. Vous sçavez la misere commune de tout le Royaume causée par les guerres, & de cette Province entr'autres, cette année que le bled y est si cher.

Outre cela, *Monseigneur*, continuëz, s'il vous plaist, de nous procurer de la part du Roy, ces Remedes divins pour les pauvres. Nos maladies populaires augmentent par la misere de ces 4. à 5. mille personnes ruïnées. Voicy une partie des Cures extra-ordinaires que j'en ay veu. Je les distribuë moy-mesme à l'issuë de mon dîner, parce qu'il y a quelques interessez qui les décrient, à cause qu'ils guerissent promptement & à peu de frais.

Ces remedes gagnent le cœur du peuple ; on le voit dans les Prônes, & Hospitaux, où l'on prie avec tendresse pour le Roy, & pour vous, *Monseigneur*, qui procurez un tel soulagement aux malades.

Voicy

Voicy les cures extraordinaires depuis trois mois.

1. *Richard le Fevre*, tombé d'apoplexie, que tous les remedes ordinaires n'avoient pû soulager, a esté guery parfaitement par 8 cuillerées de ce remede. Il a parlé une heure aprés les avoir prises, & l'usage de tous les sens luy est revenu. *Apoplexie.*

2. *La femme de Groudet*, malade depuis 3. ans d'une oppression d'estomac, a esté parfaitement guerie par une seule purgation donnée *suivant les billets de M. le Maref-chal de Bellefonds. Il fait distribuer de ces remedes dans son Chasteau proche d'icy ; j'ay ouy dire à tous ceux qui y ont esté, qu'il le fait avec une benediction miraculeuse.* *Mal de deux ans.*

3. *Pierre Robin*, alité tout l'hiver d'une enflure par tout le corps, sans avoir esté soulagé par les remedes ordinaires, a esté parfaitement gueri par deux medecines. Je suis aveuglement le Livre, & la methode de M. le Mareschal de Bellefonds pour la distribution.

4. *Iean Barrier*, pauvre manœuvre qui ne pouvoit travailler à cause d'une enflure au ventre, & grande oppression d'estomac, a esté parfaitement gueri par une seule medecine. *Enflure.*

5. *La femme de Rosier*, languissante il y avoit long-temps, sans avoir receu de soulagement des remedes ordinaires, a esté parfaitement guerie d'une seule medecine. *Langueur.*

6. *Antoine Reneau*, pauvre manœuvre, alité il y avoit six semaines, & fort extenué d'un grand mal d'estomac, a esté parfaitement gueri par une seule medecine.

7. *Iean du Motier*, malade de pareil mal, & en mesme estat, gueri parfaitement d'une seule medecine, & a travaillé 3. jours aprés. *Langueur.*

8. *La femme de Louis du Chemin*, affligée d'un Rumatisme tres-douloureux depuis six mois, sans avoir esté soulagée par les remedes ordinaires, a esté parfaitement guerie d'une seule medecine. *Rumatisme.*

9. *René de Tribechoux*, enflé avec une colique violente, gueri de la premiere medecine. Les remedes ordinaires ne l'avoint point soulagé. *Colique violente.*

ONGUENT DIVIN. EFFETS MERVEILLEVX.

1. *Le nommé le Clos*, pauvre garçon Cordonnier, blessé à la jambe, il y avoit 3. ans qui employoit en Remedes ordinaires tout ce qu'il pouvoit gagner, sans estre soulagé ; a esté parfaitement gueri par 3. purgations des pauvres, & 3. emplâtres d'Onguent divin, en 3. semaines. *Ulcere de 3. ans.*

2. *Iacques Philippes*, ayant le bras enflé d'une mauvaise saignée, avec peril de gangraine, que son Chirurgien n'avoit pû guerir, l'a esté parfaitement, en 24. heures par l'Onguent divin. *playes quasi gangrenées.*

3. *Pierre Blehou*, ayant une picqueure d'épine à la jambe, avec grande douleur & peril de gangraine, a esté gueri en 3. jours par une emplâtre d'Onguent divin. *idem.*

4. *Suzanne Lointie*, blessée à la main avec peril de la perdre, que les Chirurgiens n'avoient pû guerir, a esté parfaitement guerie par l'Onguent divin. *idem.*

5. Je ne parle point icy des cures communes que j'ay faites par cet Onguent, & la purgation des pauvres, le nombre est trop grand. On guerit d'ordinaire de tout maux curables, en un jour ou deux, se purgeant dés qu'on se trouve mal.

6. J'en ay envoyé à un tres-grand nombre à la Campagne, avec ordre de revenir, si la premiere medecine & emplastre ne les guerissoient pas, ils ne sont pas revenus ; c'est signe qu'ils sont gueris : car ils reviennent quand ils ne le sont pas.

7. Ce seroit une grande charité, si *Sa Majesté* procuroit de ces Remedes, que tout le monde peut distribuer, à toutes les Paroisses du Royaume. La Taille seroit mieux payée & les rentes des Seigneurs. Les maladies font perir des milliers de familles tous les ans, faute de Remedes comme ceux-cy, qui guerissent incontinent, & à peu de frais. Je voy que chaque medecine ne revient pas à un sou, & *n'en ay veu aucun mauvais effet.*

8. *Sa Majesté*, a fait bâtir des Hôpitaux en divers lieux pour les Soldats, & Matelots invalides, on retient 2 liards sur la paye des valides. De mesme on pourroit lever 2. liards par an sur chaque contribuable à la Taille, & distribuer les Remedes.

K

gratuitement", tout le peuple en feroit ravy, car il n'y a point de familles où quelqu'un ne tombe malade tous les ans, *ou quelque animal*, qu'on voudroit guerir pour quelques fous.

BEARN.

RELATIONS ENVOYE'ES

A MONSIEUR PELISSON

Maîtres des Requeftes ; Qui diftribuë les remedes de la part du Roy.

PAR MONSIEUR LE PREMIER PRESIDENT
du Parlement de Pau.

Du 14. Novembre, 1679. & 26. Aouft. 1680.

Ces relations contiennent diverfes cures extraordinaires, faites par ledit Seigneur Premier Prefident, qui en diftribuë luy-mefme : par *M. Amade*, Confeiller & Chanoine, Fondateur de l'Hôpital de *Lefcar* : par M. le Chapelain, de Nôtre-Dame de *Betharam*, & *M. Cafaubon* Docteur en Medecine.

NOTA. Que M. Briffon Prefident à Nevers diftribuë auffi luy-mefme ces remedes, M. Penon Avocat du Roy à Carantan; M. Fermat Confeiller au Parlement de Touloufe, M. le Comte de la Tour, M. le Comte du Pont-Brian, M. le Marefchal de Bellefonds quand il eft dans fes terres ; & l'illuftre Madame Fouquet Mere, le fait il y a plus de 60. ans. Le feu Baron de Ranti mort en odeur de fainteté dans Paris l'an 1649. en portoit toûjours fur luy, en diftribuoit à l'iffuë de fon difner, & en portoit aux malades.

On voit ailleurs, les noms des Evefques, Abbez, Curez, & autres Ecclefiaftiques, qui le font auffi, ou le font faire. Le nombre en eft petit comparé aux Laïques, quoy qu'ils y foient obligez particulierement, comme il a efté dit cy-deffus, fuivant l'Evangile, les Conciles, & les Fondations, des grands revenus dont ils jouïffent.

1. *Cures de M. le Chapelain de Batharam.*

2. Trois pauvres femmes eftoient en peine d'Enfans, delaiffées, abandonnées & mifes en Extreme-Onction ; Je leur donnay le remede des pauvres fuivant le livre, & elles accoucherent heureufement, trois heures après, d'enfans vivans, qui fe portent bien, & lefdites femmes vinrent à l'Eglife huit jours après.

3. Deux autres pauvres femmes fe mouroient en travail d'enfant, fans efperance de falvation, leurs enfans eftoient morts. Je leur donnay deux fois du remede à chacune d'elles, deux heures d'intervale entre chaque prife, & une heure après la derniere prife, elles accoucherent, & huit jours après elle vinrent en parfaite fanté à la Meffe.

4. Depuis cela, les Sages-femmes donnent de ce remede à toutes les femmes qui fons en travail d'enfant, & elles acchouchent heureufement & promptement ; & cela les preferve de toutes maladies pendant leurs couches.

NOTA. Madame de ROVMENS, en Languedoc, qui eft tres-charitable, qui diftribue de ces remedes aux pauvres gens, a écrit de pareilles cures, en fubftance M. Peliffon. Madame Kfalaven, a auffi envoyé en fubftance une pareille relation à M. le Duc de Chaune, Gouverneur de Bretagne.

NOTA. Vn Miffionaire a fait un petit traité, comme il eft dit cy-deffus; qui montre, qu'il n'y a guere de Paroiffes, où il ne meure tous les ans une femme en travail d'enfant ou de maladie pendant fes couches, & dont les enfans fouvent meurent fans Baptefme, qui ne verront jamais Dieu. Et qu'ainfi il meurt 40. à 50. mille femmes par an, à raifon de 40. à 50. mille Paroiffes qu'il y a dans le Royaume, qu'on fauveroit, s'il y avoit de ces remedes des pauvres, dans toutes les Paroisses, qui sauveroit aussi plus de 100. mille payfans & ouvriers, comme il a esté dit cy-dessus, qui meurent, ou languissent & tombent dans la pauvreté faute de remedes qui ne peuvent payer la Taille & les rentes dues aux Seigneurs, en sorte que le Roy y gagneroit plusieurs millions, & les Seigneurs aussi, si on leur procuroit de ces remedes qui guerissent toutes maladies curables d'hommes & d'animaux, ce qu'on peut, comme montre ce charitable Missionaire, sans qu'il en couste rien au Roy, ny aux Seigneurs, Evesques, Curez, & autres qui en prenderroient le soin. Revenons à nostre Relation.

4 M. le Curé de Montaut, attaqué de paralisie, a esté gueri parfaitement d'une seule medecine, & l'ayant fait suer le lendemain suivant le livre. Les remedes ordinaires n'avoient point operé. *Paralisie.*

5. Le sieur *Chigné* sujet à une colique quasi continuelle, prend du remede suivant le livre, dés qu'il sent ses douleurs, & e'les cessent incontinent; depuis cela, les accez ont diminué des deux tiers, viennent moins souvent des deux tiers, & durent peu, il avoit éprouvé toute sorte de remede sans soulagement. *Colique continuelle.*

6. Un enfant *de Carlen* de quatorze ans gueri d'une fiévre quarte inveterée par une seule medecine. *Fiévre quarte.*

7. La fille *de Cassavarat* de Montaut guerie d'une fiévre maligne d'une seule prise.

8. Un fils & une fille du *Forgeron de l'Estoille*, languissans, aprés une fiévre puorpurée, gueris d'une seule medecine, le fils en six jours, la fille en quatre, qui avoit beaucoup vomi. *Langueur.*

9. Le sieur *Baile*, âgé de 27. ans, malade à mort d'une fiévre ardente, & d'une pleuresie qui l'étouffoit, il n'avoit plus la force de cracher; gueri par deux medecines, les remedes ordinaires n'operoient point. *Pleuresie.*

10. Le petit Laquais de la Dame *Marquise de Loubier*, guari d'une fiévre quarte qui avoit resisté à tous les remedes des Medecins. *Fiévre quarte.*

11. La Dame Marquise persuadée, par cette cure; a pris du remede, & a guerie d'une paralisie naissante, par 2. medecines suivant le livre, & une sueur. *Paralisie*

12. Sa fille tres-delicate, a esté guerie aussi d'un grand mal d'estomac, & migraine, ce qui n'a pas plû aux Medecins, qui n'avoient pû les soulager, ils craignent qu'à leur exemple, les riches n'en veüillent prendre; je ne leur en donne qu'en mon corps deffendant. *Migraine.*

13. Je ne parle point icy des cures ordinaires, tous les jours il me vient des processions des malades. *Ie n'ay point veu aucun mauvais effet de ces remedes.* Le jour de la medecine, on est foible, si l'évacuation est grande; mais on en est plutost gueri, & dés le lendemain on est rétabli.

14. Je suis aux pieds des Monts Pirennées où la disette est grande, cette année, avec beaucoup de maladies, vous ferez une grande œuvre de charité, Monsieur, si vous nous envoyez de ces divins remedes de la part du Roy. On priera pour sa Majesté, & pour vous, dans nos divins Offices, à ce qu'il plaise au Ciel, aprés une longue & heureuse vie, couronner Sadite Majesté d'honneur & de gloire *à la mort,* & vous donner aussi à vostre decez le Royaume promis aux charitables.

Je m'oubliois nostre Organiste, tourmenté de la goute, qui ne pouvoit remuër ny pieds ny mains, dés le lendemain d'une medecine suivant le livre toucha les Orgues. *Goute violente.*

Du 26. Aoust 1680.

1. M. *Amades*, Conseiller au Parlement de Pau, Chanonie de *Lescar*, Fondateur de l'Hospital general du lieu, & Directeur, atteste la cure du *Vigneron du Chapitre*, tombé paralitique de la moitié du corps; la premiere Medecine dit-il, donnée suivant le livre, luy fit un peu remuër son bras, la seconde les jambes, la troisiéme tout le corps; & enfin, en cinq jours, il travailla à la Vigne. *Paralisie.*

2. M. *Casaubon*, Docteur en Medecine, & Medecin de l'Hospital general de Pau, certifie entr'autres cures, qu'un enfant dudit Hospital, tourmenté d'une fiévre con- *Delire furieux.*

tinuë , & delire furieux, qui vouloit fe precipiter, qu'il n'avoit peu foulager par les remedes ordinaires, à qui il fit donner, des remedes des pauvres, & incontinent aprés l'operation, il dormit profondement, & à fon reveil, il le trouva, fans fiévre, ny delire.

fièvre de 14. mois. 3. Ledit Seigneur premier Prefident certifie un grand nombre d'autres cures extraordinaires ; celle entr'autres, de la Demoifelle *de la Marquife de Leons*, tourmentée d'une fiévre quarte de 14. mois , qui avoit refifté à tous les remedes ordinaires, & qui eut recours audit Seigneur Prefident, ayant oüi qu'il avoit la charité de diftribuer de ces remedes, qui l'ont guerie parfaitement.

BRETAGNE
Lefneven. Hofpital general.

A MONSEIGNEUR

LE DUC DE CHAUNE,
Gouverneur de Bretagne.
Le 28. Aouft 1679.

MONSEIGNEUR,

Les pauvres gens du Païs & Duché de Bretagne remontrent tres-humblement à voftre Grandeur, que vous eftes le veritable Pere de cette Province ; vous en avez pacifié les troubles avec une bonté paternelle. Vous procurez du fecours à tous les pauvres, par ces Hôpitaux generaux, & Confreries de la charité que vous faites établir : Vous procurez auffi, à ces Hôpitaux & Confreries, certains remedes qui gueriffent promptement toutes maladies curables d'hommes & d'animaux, comme il fe voit par les Mandemens, entr'autres du feu Seigneur *Evefques de Treguyer*, & par celuy *du Seigneur Evefque de Quimper*, cela fe voit encore par la relation qui fuit, & autres cy-attachées, de divers Hofpitaux generaux de Normandie, envoyées au Seigneur Duc de Montaufier leur Gouverneur, qui leur procure auffi de ces remedes ; Ce confideré. Il vous plaife, MONSEIGNEUR, procurer pareillement, un pacquet de ces remedes tous les ans, à chaque Paroiffe de cette Province, d'une façon que cela continuë toûjours.

L'Hiftoire remarque, que *l'Empereur Augufte convia le Senat d'en procurer à tous les Peuples de l'Empire Romain, l'Empereur en dreffa luy-mefme l'ordonnance de fa main, difant que la grandeur des Eftats, & leur bon-heur dépendoit d'avoir beaucoup de Sujets, fains & vigoureux.* Tous les ans, *Monfeigneur*, il y a des maladies parmy le peuple, particulierement au temps de la recolte, à caufe du grand travail, & des chaleurs. Cela ruïne beaucoup de familles, faute d'avoir dequoy recourir aux Medecins, ce qui les empeche de payer au Roy ce qu'ils doivent, & les rentes qu'ils doivent aux Seigneurs. Ces remedes des pauvres remediroient à tous ces maux, & à jamais tout le penple de cette Province, Hofpitaux, Confreries, & Paroiffes, prieroient Dieu pour la profperité de voftre grandeur, leur procurant ces remedes.

CURES SURPERNANTES D'HOMMES,
ET D'ANIMAUX.

Extrait du Memoire de Madame *Kfalavn* de Lefneven, qu'elle a baillé au *R. P. Chaurand Miffionaire Iefuite*, le 28. Aouft 1679. Ce R. Pere établit les Hofpitaux generaux en Bretagne. & leur procure les remedes cy-deffus.

1, Il a 3. ans que je diftribuë ces remedes des pauvres. *Guillaume Guillou*, pauvre Maffon devenu fou, couroit les ruës jour & nuit, fans pouvoir dormir, il y avoit

4. ou 5. mois. Dés la premiere Medecine donnée suivant le livre, il dormit, & revint à son bon sens. Les remedes ordinaires ne l'avoient pû soulager.

2. *Seny Coidou*, hydropique, prodigieusement enflé, alité il y avoit quatre mois, gueri pareillement d'une seule medecine.
Hydropique.

3. La nommée *Claude*, abandonnée en travail d'enfant, aprés avoir esté mise en Extrem-Unction, je luy ay donné le remede suivant le livre. Aussitost, elle accoucha, s'est tres-bien portée, & a bien nourri son enfant. Tout le monde la visita comme une ressuscitée.
Travail d'enfant.

4. Toutes les femmes, dés qu'elles sentent à present les tranchées de l'enfantement, prennent de ce remede, & sont delivrées d'abord infailliblement.

5. *Françoise Sefie*, malade à l'Hospital, empoisonnée, enflée, comme un tambour, qui ne pouvoit respirer ; dés la premiere Medecine, elle des-enfla, respira sans peine, & fut parfaitement guerie en trois jours, par 2. medecines. Les communes n'avoient rien fait.
Empoisonnée.

6. *François Cren*, pauvre Voiturier de la Paroisse de *Guielam*, 2. lieuës de ma demeure, fort enflé, qui rendoit du pus par le nombril causé par une colique violente qui le tourmentoit de temps en temps, en sorte qu'il ne pouvoit plus se trainer que tout courbé, je luy ay envoyé une seule medecine, qui l'a gueri; en sorte qu'il me fit dire (pour témoigner sa reconnoissance) qu'il viendroit de chez luy à 2. genoux me remercier. Il avoit depensé tout ce qu'il avoit de bien, en remedes ordinaires, sans avoir esté soulagé.
Colique.

7. *Hervé l'Hostis*, ne pouvoit respirer ; il y avoit 15. jours qu'il tomboit en de continuelles convulsions, sans pouvoir dormir, les remedes ordinaires n'operoient point, il souffroit étrangement, je luy donné 2. medecines, il a esté entierement gueri.
Convulsion.

8. Un pauvre Tailleur, appellé *Boloré*, Astmatique, me vient trouver 2. ou 3. fois l an, quand il ne peut plus respirer ny travailler, je luy donne du remede qui le fait respirer & travailler
Asmatique.

9. *Iean Cloher*, pauvre paysan, retournant du marché, tomba d'apoplexie dans le grand chemin, il agnoisoit, on luy fit avaller 8. cuilerées de la drogue, avec bien de la peine. On se servit d'un entonnoir, comme dit le livre, 3. jours aprés il me vint remercier.
Apoplexie.

10. *M. de l'Iscouat*, avoit un cheval de prix abandonné qui se mouroit ; Il luy fit donner de ces remedes suivant le livre, & fut gueri.
Cheval mourant.

Je ne parle point des cures ordinaires, j'en ferois de gros livres : je gueris d'ordinaire les maladies communes en un jour ou deux, sans recheute, *j'ay donné des milliers de ces medecines, sans en avoir veu aucun mauvais effet*. Dieu benisse ceux qui les ont inventez.
Femmes.
Enfants.

Pour les femmes en travail d'Enfant principalement, le remede est immancable, & guerit les Enfans nouveaux nez de toutes maladies curables, coliques; tranchées, &c

---

BRETAGNE.   **VENNES.**

M. Doby Chirurgien de l'Hospital General.

A MONSIEVR PELISSON

MAISTRE DES REQUESTES,

Qui distribuë les remedes des pauvres, de la part du Roy, aux Evesques, pauvres Curez, & Hospitaux.

Ledit sieur *Doby*, par sa lettre du 17. Septembre 1680. le prie de continuer à luy donner des remedes, que les premiers sont finis, que les Medecins luy veulent mal, qu'il demande sa protection, & celle du Roy, & dans un long memoire de cures extraordinaires, il dit entr'autres choses.

L

1. Que *Guillaume Queripeau*, pauvre manœuvre hydropique, qui refembloit à un mort deterré, qu'en 3. jours il le guerit parfaitement, par trois medecines fuivant le livre.

2. Que le *Frere Chauvet*, Jefuite Chirurgien de la maifon eftoit tourmenté d'une chaleur fi grande, qu'il ne pouvoit fouffrir fon linceul, & n'avoit pû dormir il y avoit 12. jours : Qu'il luy donna des remedes des pauvres qui le guerirent parfaitement, quoy que les ordinaires ne l'avoient pû foulager.

3. Que le R. P. *Romain*, *Carme*, Directeur des Dames Religieufes de *Nazareth*, eftoit extraordinairement tourmenté de lacolique, que les medecines ordinaires, bains, faignées, &c. n'avoient pû foulager, & que les remedes des pauvres firent ceffer les douleurs dés qu'ils opererent, & que trois jours aprés, il luy en donna encore pour empefcher la recheute, ce qui l'a garanti parfaitement.

4. Le 8. Octobre, il a mandé que le fieur *Harive* Docteur en Medecine, tourmenté grievement d'un rumatifme de trois Semaines, que tous les Medecins de la Ville n'avoient peu foulager, qu'enfin, il a eu recours aux remedes des pauvres qu'il décrioit, qu'il a gueri, & les canonife à prefent.

(marge : Hydropique. Jefuite. Carme. Medecin.)

AVIGNON.   Avocat General des pauvres.

RELATION, des bons effets des remedes des pauvres, envoyée à M. de *Guilhem*, par M. le Curé de l'Ifle au Comtat, par Meffieurs les Directeurs de l'Hofpital General, & M. *Cœur*, Docteur en Medecine, le 10. Novembre 1679.

A Monfieur de *Guilhem*, Avocat General des Pauvres du Comtat d'Avignon.

MONSIEVR,

Vous nous avez procuré des remedes qui font divins ; pour 13. écus, nous avons plus foulagé de malades en un an, que nous ne faifions auparavant avec 800. livres, Ils gueriffent toutes maladies curables, en 2. ou 3 jours, quand on y vient dés qu'on fe trouve malade, *& n'en avons point veu de mauvais effets*.

Vous nous avez dit, qu'ils produifoient les mefmes effets dans Avignon, que M. le Curé *de Saint Symphorien* en diftribuoit, & *Dom Prieur des Chartreux*.

Nous voyons auffi, qu'ils produifent de pareils effets, dans l'Hofpital Royal *de Marfeille* pour les Soldats & Matelots, fuivant les relations de *M. Brunet*. Docteur en Medecine, & Medecin dudit Hofpital pour qui, nous avons beaucoup d'eftime ; lefquelles relations, ont convié M. le Marquis de Segnelay Miniftre & Secretaire d'Eftat d'envoyer de ces remedes aux Vaiffeaux & Galeres du Roy.

Tout cela, nous oblige, Monfieur de vous fupplier de continuer, à nous en faire venir de Paris.

Voicy une partie de nos cures extraordinaires, depuis fix Semaines.

---

1. *Claude Teftard*, agé de 45. ans tombé en recheute à la mort, aprés une fievre continuë, avec une diarrée qui refiftoit aux remedes ordinaires, a efté gueri par les remedes des pauvres que j'ay diftribué fuivant le livre, je luy ay donné les poudres, & la drogue.

2. *Magdeleine Guior*, malade d'une fievre continuë, avec un mal de tefte, & foif tres-preffante, fans avoir pû eftre foulagée par les remedes ordinaires, a efté parfaitement guerie, par ceux du Clergé diftribuez fuivant le livre.

3. La femme du *petit Tifferand* attaquée d'une fievre putride, que les remedes ordinaires, n'avoient auffi pû guerir, a efté parfaitement guerie par ceux des pauvres.

4. *Marie de Felis*, attaquée d'une fievre Vermineufe, fi retreinte qu'on ne pou-

(marge : Recheute. fievre opiniaftre, fievre putride)

voit luy donner de lavement; la poudre, & la drogue donnez suivant le livre, l'ont *fievre vermi-neuse.*
guerie entierement.

5. *Catherine Deanne*, mal-menée d'une fievre double quarte, qui resistoit aux reme- *Double quar-te.*
des communs a esté guerie par deux purgations suivant le livre, composée de la
poudre, & de la drogue, données de trois jours, en trois jours.

6. *Catherine Panfine*, ayant la fievre quarte, a esté guerie par deux purgations, *Quarte.*
de 3. jours, en 3. jours, prises 2. heures avant l'accez, & l'humeur estant tombée sur
les jambes, & les ayant enflées, une troisiéme medecine la mise en parf..ite santé.

7. *Le fils de Lansouron*, a esté aussi parfaitement gueri d'ue fievre quarte, suivant le *Quarte.*
livre.

8. La femme d'*Antoine le Blanc*, estoit malade d'un mal de teste, horrible; il y *Mal de teste horrible.*
avoit un an & demy, sans avoir pu estre soulagée par les remedes ordinaires; au fort
de l'accez, elle crioit horriblement comme une femme en travail d'enfant, se jettoit
à terre, grinçoit les dents, elle faisoit compassion à tout le monde; ces accez violens la prenoient quelquesfois, 10. & 12. fois en un jour, & la remission estoit suivie
d'un étourdissement semblable à celuy que ressentent ceux qui tombent du mal caduc.
Enfin elle a eu recours à moy. D'abord je me suis servy aussi, de tous les remedes
ordinaires, sans effet. Et enfin, je l'ay guerie par 3. purgations des remedes des pauvres, suivant le livre, de 3. jours, en 3. jours, composées des poudres, & de la drogue.

9. Ces remedes sont si souverains, & si universels, qu'ils peuvent servir à toute
sorte de maladie, sans en excepter aucune; j'en ay fait l'experience sur plusieurs, ce
qui me fait croire que l'inventeur a tiré son secret du divin HIPOCRATE, *lib. de
flatib.* où il dit. *Morborum omnium unus & idem modus est, locus vero eorum, diffe-
rentiam facit, quare videntur morbi inter se nihil simile habere, propter diversitatem
locorum; cum sit tamen una morborum omnium species, & causa;* & qu'ainsi, n'y
ayant qu'ne seule cause de toutes les maladies, qu'un seul remede les peut aussi guerir,
suivant l'avis du celebre M. *Brunet*, Medecin de l'Hospital Royal de *Marseille*, ce
que j'espere faire voir par un petit traité, si Dieu me donne du temps, & de la santé.

Je le feray en faveur des pauvres & des Hospitaux, qui par ce moyen seront déchar-
gez de beaucoup de frais : car la pluspart gueriront de toutes maladies curables en
deux ou trois jours, sans sortir de leur maisons, ils ne seront point à charge aux Hospitaux des malades, ny aux Hospitaux generaux ou plusieurs sont reduits avec leurs
femmes & enfans, par de longues maladies, qui les obligent de mendier. Signé.

DU CŒUR, Docteur en Medecine.
DU TOUER.
M. MONET, Curé :
CLAUDE BOURAT, Recteur.
CLAUDE BARTHELIER, Recteur.
LAURENS PANCIN, Recteur.
LAURENS AUTHIER, Recteur.

Qui attestent la verité de ce que dessus, & que dans l'Hospital on ne se sert que des
remedes des pauvres. Fait le 20. Novembre 1679.

REMEDES DES PAUVRES.

Envoyez de la part du Roy, *au Curé de Saint Berain*, & à ſa Confrerie de
la Charité, par M. Peliſſon Maiſtre des Requeſtes. Ce remede a fait
ſortir la pierre, dont la figure eſt cy-aprés, du corps d'un homme, *ſans
aucune inciſion*. M. Peliſſon l'a fait voir à M. le Prince.

*Ce n'eſt pas à dire, que ce remede produiſe toûjours le meſme effet, car cette
cure tient du miracle: Mais il eſt immancable pour la gravelle, Colique,
difficulté d'urine, &c. comme il ſe voit par les relations
raportées cy-deſſus, & cy-aprés.*

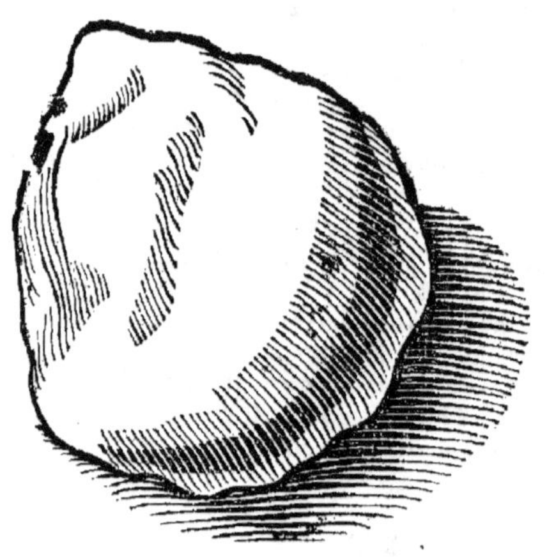

PIERRE. GRAVELLE. Toutes difficultez d'urine.

A Monſieur Peliſſon Maiſtre des Requeſtes.

Le Curé de Saint Berain ſous Sens-Vigne.

Le 14. *Iuin* 1679.   *Extrait de ſa Lettre.*

M. Je continuë de diſtribuer moy meſme, ces remedes divins pour les pauvres,
que vous envoyez à la Confrerie de noſtre Charité de la part du Roy. Voicy les par-
ticularitez de ce miracle dont je vous ay parlé; que vous deſirez ſçavoir.

2. *Pierre Gaſpard*, pauvre Vigneron, eſtoit cruellement tourmenté de la Pierre,
l'an 1677. ſans aucun bien pour ſe faire ſoulager. La Dame du lieu qui eſt tres-charitable, le retira dans ſon Chaſteau; Je luy donnay des remedes des pauvres, 8. jours
durant;

durant ; Au bout de ce temps, la Pierre que je vous envoye, qui eſt de la groſſeur d'un œuf mediocre, luy tomba dans la bourſe, & ſortit par une playe qu'elle fit : Cette playe fut guerie parfaitement en 15. jours par l'onguent divin. *M. Barat* Gentilhomme tres-charitable l'a penſé ſouvent. *M. Noſtre Procureur d'Office* a auſſi vû la playe, avec tous les autres qui ſous ſignifient le Certificat que je vous envoye. Enfin ce pauvre Vigneron fut parfaitement gueri, & travaille ſans aucune incommodité. Continuez-nous, s'il vous plaiſt, ces remedes divins, &c.

3. Pour la Gravelle, & toute ſorte de difficultez d'urine, on voit auſſi des Cures ſurprenantes dans le Chap. 2. du Livre *Des retentions d'urine*, *entr'autres de 8. 10. & 12. jours, gueries dés la premiere medecine.*

DIEPPE.
AVIS VTILE.

Aux Medecins, Chirurgiens . & Apotiquaires, principalement de la Campagne.

1. Ils peuvent gagner 5. & 6 fois plus qu'ils ne font , & donner *gratuitement* des Remedes aux pauvres , faiſant ce que fait celuy dont eſt parlé en la page qui ſuit.

2. Pour cela ils n'ont qu'à ſe ſervir comme luy de ces remedes, appellez (*Remedes des Pauvres*) qui gueriſſent toutes maladies curables d'hommes & d'animaux. Chaque medecine, comme il a eſté dit, pour les hommes ne revient qu'à 1. ſou & à 2. liards pour les petits animaux, *Brebis*, *Moutons* , &c. les donner *gratuitement* aux pauvres ſur l'atteſtation de leurs Curez, & faire marché avec les riches pour une ſomme en cas de gueriſon, & rien en cas de non gueriſon, à la mode des Indes : de 100. malades, ils en gueriront du moins 90. & n'en coûtera que 3. ou 4. ſous de drogue pour chacun.

3. Tout le monde peut diſtribuer ces remedes , Pharmaciens & non Pharmaciens. Une femme les diſtribuë avec ſuccez dans l'Hôpital de S. Pons. Le Valet de Chambre du feu Comte de Fenelon , Colonel du Regiment de Conti , en diſtribuoit dans l'Armée. L'Avocat du Roy de Carantan le fait dans ſa Ville : Le Maire de Verneüil dans la ſienne , & tous ces Curez, Abbez & Chanoines, marquez cy-deſſus.

4. Si les Etudians en Medecine, & les *Fratres* Chirurgiens & Apotiquaires, emportoient de ces Remedes dans leurs Provinces , dés le premier jour tout le monde auroit recours à eux, & moiſſonneroient abondamment. Ils doivent donner cet Avis, s'ils ſont charitables , à leurs parens & amis qui ſont de leur profeſſion.

EXTRAIT de la lettre du ſieur *Goudalier* Chirurgien , demeurant à *Avermenil* proche Dieppe , du 20. Decembre 1679. Il demande protection au Seigneur Duc de Montauſier Gouverneur de ſa Province , qui a écrit au Gouverneur de Dieppe pour le maintenir contre les Medecins qui le veulent empeſcher de diſtribuer les Remedes des Pauvres.

A
MONSEIGNEUR
LE DUC DE MONTAUSIER
Couverneur de Normandie.

MONSEIGNEUR ,

Je ſuis Chirurgien. Je demeure au *Bourg d'Avermenil proche Dieppe*. Il y a trois ans que je vis aſſez commodement, graces à Dieu, de ces remedes des Pauvres. Je les

M

donne *gratuitement* sur le certificat des Curez aux pauvres Gens , à l'exemple de ceux que vous avez commis dans vos terres , *Monseigneur* , pour en distribuer à vos Vassaux, & à tous autres qui y ont recours.

Pour moy qui ne puis vivre que de mon métier, *je fais marché avec les riches* ; tant en cas de guerison , & rien en cas de non guerison , à la mode des Indes.

Il est notoire , que je fais des Cures tous les jours , & promptement , qui tiennent du miracle , cela se voit aussi dans les Hôpitaux de cette Province, à qui vostre Grandeur a procuré de ces Remedes , & dans les Hôpitaux de Bretagne, à qui *M. le Duc de Chaune* , qui est leur Gouverneur , en procure pareillement.

Cela se voit encore dans l'Hôpital Royal *de Marseille* pour les Soldats & Matelots, où le Marquis de Segnelay , Secretaire d'Estat , en a envoyé , & par tout plein d'autres Relations cottées dans le Chap. 2. du Livre qui enseigne l'usage de ces Remedes.

Cependant il y a des Medecins & Apotiquaires qui menacent de m'entreprendre , disant , qu'il est deffendu aux Chirurgiens de donner des Remedes purgatifs , à la Campagne mesme , où il n'y a ny Medecins ny Apotiquaires ; qui est dire qu'il faut laisser perir les Pauvres Gens , qui n'ont pas dequoy payer une Medecine , de crainte de déplaire aux Medecins. Outre cela on ne voit jamais de mauvais effets de ce remede.

C'est pourquoy , *Monseigneur* , j'ay recours à vostre protection , à ce que je puisse continuer mon commerce charitable, *jusques à ce que lesdits Medecins & Apotiquaires distribuent de ces Remedes gratuitement , ou d'autres meilleurs , aux pauvres gens* , & tous les malades beniront à jamais vostre Gouvernement, & moy particulierement, Monseigneur, qui suis tres-respectueusement, de vostre Grandeur , &c.

LISTE

De quelques Cures extraordinaires ; il est notoire que depuis trois ans j'en ay fait plus de 1500. toutes surprenantes.

folie furicuse, 1. *A Avermenil* , une femme tombée en démence , qu'il faloit lier , dont je tais le nom , à cause de la famille , a esté parfaitement guerie par 2. purgations suivant le Livre, composées de poudres & de drogues , données de 3. jours en 3. jours. Les remedes ordinaires n'avoient rien fait.

N O T A. Ie fais tremper la paste noire dans du cidre , au lieu de vin , à cause qu'il est cher icy , & le cidre fait le mesme effet.

femme en travail d'enfant. 2. *La femme de Louïs Foulon* , en travail d'enfant il y avoit trois jours, estoit abandonnée des Sages-femmes , je luy donnay les doses de la poudre & de la drogue, quatre heures aprés elle accoucha d'un gros garçon en pleine santé , qu'elle nourrit.

3. *Le fils de Noel Gossier* , âgé seulement de 22. mois , qui tetoit encore , devenu hydropique , a esté gueri en quatre jours , par trois ou quatre cuillerées de la drogue par jour, & ayant purgé sa nourrice avec poudre & drogue , suivant le Livre.

Vieillard de 81. an. 4. *Mon Pere de 81. an* , malade d'une violente fievre quarte, gueri suivant le Livre, par 2. medecines de la poudre & de la drogue , les jours de son accez.

5. *Vn enfant à M. Malot* , âgé de 7. ans, hydropique , gueri en six jours , avec une prise de poudre & de la drogue de deux jours en deux jours.

Rate. 6. *Françoise Robart* , guerie d'un grand mal de rate , & suffocation , suivant le Livre.

Agonisant. 7. *Louïs des Champs* âgé de 63. ans , agonisant il y avoit trois jours , je l'ay guery avec 18. grains de la paste blanche , & une dose de la drogue.

Idem. 8. *La femme du Maistre d'Hostel du Seigneur d'Avermenil* , à l'agonie, abandonnée des Medecins , guerie par 18. grains de la paste jaune , avec la drogue.

fievre quarte. 9 *A Longueil* , un jeune homme gueri d'une fievre quarte d'un an par la poudre & la drogue , en trois medecines , les remedes ordinaires n'avoient rien fait.

Goute. 10. Le nommé *Grenet* , fort tourmenté des goutes , les douleurs ont cessé dés qu'il a esté purgé , suivant le Livre.

Iacobin. 11. *Vn Religieux Iacobin* , qui preschoit à Avermenil , les mains & les bras luy enflerent si fort qu'il ne pouvoit les remuer , & souffroit de grandes douleurs : je luy don nay 36 grains de la paste jaune , avec la drogue , il guerit parfaitement , & prêcha 2. jours après.

12. *M. Monerot Curé de Ribeut*, avoit un mal de dents tres-violent , il y avoit trois mois , à ne pouvoir dormir , les remedes ordinaires ne l'avoient pû soulager , celuy des pauvres suivant le livre , l'a gueri dés le jour de la medecine. *Mal de dents.*

13. *Marie Loyer* , guerie d'une gale horrible de dix ans, par trois purgations suivant le livre , & lautions. *Gale horrible.*

14. Le nommé *Fassol*, gueri d'apoplexie avec quarante grains de la paste jaune dans du vin commun, n'ayant de la drogue preparée. *Apoplexie.*

15. *Vn garçon chez Billan* , mis en Extreme-Onction , qu'on tenoit pour mort , je luy fis avaler avec peine dix-huit grains de la paste jaune , avec la drogue , dés que cela opera l'usage des sens luy revint , & a gueri parfaitement. *Agonie.*

16. *Le sieur de la Cour*, qui étouffoit d'une grosse fluxion , 24. grains de la paste blanche l'ont gueri.

17. J'ay gueri par ces mesmes remedes beaucoup de filles & de femmes de suffocations de matrice ; & autres maux qu'il ne faut pas nommer , & beaucoup d'hommes aussi. *Maux veneriens.*

18. *Le Curé d'Avermenil*, que les remedes ordinaires n'avoient pû guerir d'un grand mal d'estomach , je le purgeay suivant le livre , & il prêcha le lendemain.

19. *La femme de Pierre Glasson*, avoit un abcez dans la matrice, que ces remedes luy ont fait rendre. *Abcez.*

20. *M. Boullé Prestre* , agonisant , gueri , il rendit trois chopines de gros flegmes par le haut & par le bas. *agonisant.*

MONSIEUR LE MARESCHAL DE BELLEFONDS.

BILLETS.

Qu'il donne aux malades leur distribuant les remedes des pauvres & sa methode , & celle de la Dame Marquise de Seppeville sa sœur , pour instruire , & guerir promptement les malades.

1. M. LE MARESCHAL DE BELLEFONDS , dont la charité est admirable , a fait imprimer ces billets , & en fait donner aux malades avec les remedes , pour leur enseigner comment il les faut prendre. Il imite Saint GALICAN , cet illustre General des Armées Romaines , sous l'Empereur Constantin , qui faisoit penser dans son Palais les blessez & les malades : Ledit Seigneur Mareschal en cinq ou six mois a fait distribuer deux à trois mille de ces medecines.

2. Pour continuer ces actions de charité à jamais , & procurer toute sorte d'autres secours aux pauvres , il a fait établir des Confreries de la Charité de S. Charles Borromée , de l'un & l'autre sexe , dans ses terres , & a exhorté les Seigneurs ses voisins d'en faire autant. Ces Confreries de S. Charles font aussi cesser la mendicité ; car elles assistent toute sorte de necessiteux , sains & malades , *mandians, honteux, prisonniers , où il y en a , Heretiques convertis , & accordent les procez des pauvres gens , suivant l'Edit de Henry IV. de l'an* 1610.

3 Ce Seigneur charitable a mesme écrit à *M. Colbert*, Ministre & Secretaire d'Estat , la Lettre qui est cy-après , par laquelle il l'a convié d'envoyer de ces remedes de la part du Roy en divers lieux du Royaume , qu'il luy marquoit lors estre affligez de maladies populaires.

4. Les Ordonnances des Rois obligent les Evesques , Curez , Villes , Gouverneurs , Magistrats , & tous autres , de donner avis au Prince des calamitez publiques , & de tout ce qui peut contribuer au soulagement du peuple. Or tous les ans il y a beaucoup de maladies parmi le menu peuple & les païsans , au temps de la recolte particulierement , à cause du grand travail & des grandes chaleurs ; ce qui ruine beaucoup de familles qui ne peuvent payer la Taille , ny les rentes qu'ils doivent aux proprietaires des terres & des maisons , & font à charge aux Hospitaux.

Pour guerir promptement toutes maladies curables.

1. Le soir , quatre heures aprés avoir mangé, vous prendrez la poudre ou pilules marquées dans le livre , qu'on vous a données , dans une pomme cuite , ou dans
du cirop, ou du miel , ou pain boüilly , ou pain à chanter ; demy-heure aprés
vous prendrez un lavement, *si vous avez une seringue* , composé de demy-chopine
de la *drogue* qu'on vous aura donnée , vous mettrez dedans trente-six grains de la
poudre jaune , & ferez tiedeir le tout , & le ferez remuer dans la seringue de peur
que la poudre ne s'y attache.

*NOTA. Quand on ne prendroit pas de lavement , on ne laissera pas de guerir , mais
non pas si promptement.*

2. Une heure aprés avoir rendu vostre lavement , ou l'effet des poudres , prenez
un boüillon, ou de l'eau tiede , ou de l'eau avec du vin.

3. Le lendemain à jeun vous prendrez huit cuilerées de *la drogue* , deux heures
aprés un boüillon, une heure aprés le boüillon encore quatre cuillerées de *la drogue* , & deux heures aprés un boüillon.

4. S'il vous prend envie de vomir, prenez quatre cuilerées de boüillon à chaque
fois : tenez-vous bien chaudement tout le jour , sur tout les pieds , avec une tuile
ou pierre chaude. Plus vous vomirez , & plûtost vous serez gueri. Il y en a qui ne
vomissent pas.

5. Revenez demain au soir , ou envoyez , si vous n'estes pas éloigné , dire l'effet
du remede , & rapportez ce billet.

*NOTA. On guerira la pluspart des maladies , en deux ou trois jours, prenant une
seule fois les remedes cy-dessus. Si quelqu'une resiste , qu'on prenne tous les matins deux
cuillerées de la drogue, comme dit le Livre , dans un bouillon , eau tiede , verre
d'eau , ou de ptisanne.*

Pour les fiévres intermittentes , qu'on tremble , ou qui commencent par chaud.

1. La veille de l'accez , prenez le lavement , poudre ou pilules , comme dessus.

2. Le lendemain matin , prenez 4. cuillerées de la *drogue* , & un boüillon deux
heures aprés.

3. Au commencement de l'accez , prenez 4. autres cuillerées de la *drogue.*

4. Mettez quatre autres cuillerées de ladite drogue sur chaque pinte d'eau ou de
ptisanne , que vous boirez pendant vostre accez.

5. Si ces remedes n'emportent pas la fiévre du premier coup ; mettez huit cuillerées de ladite drogue sur chaque pinte de breuvage que vous boirez pendant les
accez subsequens , & vous guerirez infailliblement en peu de temps. L'experience
le fait voir par tout où l'on se sert de ces remedes.

6. Pour les autres maladies, qu'on suive le Livre , & on guerira aussi de tous
maux curables en deux ou trois jours , si on prend de ces remedes dans la naissance
du mal , *de la peste entr'autres , dissenterie , gouttes , maux d'yeux , de teste , de dents ,
difficulté d'urine , &c.* Pour les femmes en travail d'enfant , & pendant leur couche ,
le remede est immanquable , & pour toutes maladies des gens de Marine.

LETTRE

DE M. LE MARESCHAL DE BELLEFONDS

A MONSEIGNEUR

COLBERT

Miniſtre & Secretaire d'Eſtat.

Du 31. Aouſt 1678.

J'apprends, *Monſieur*, de pluſieurs endroits, que les coſtes de la Mer, principalement *le Havre* & *la Rochelle*, ſont accablées de maladies populaires que nous avons en ce pays.

Je croy eſtre obligé de vous dire que nous avons trouvé un remede ſurprenant, que l'on vend à Paris, que le Secretaire de l'Aſſemblée Charitable, & Avocat general des Pauvres, qui travaille à ſecourir tous ceux du Royaume, a eu la bonté de m'acheter.

L'Aſſemblée generale du Clergé de 1670. a exhorté tous les Prelats d'en établir la diſtribution dans leurs Paroiſſes, ſur le certificat de ceux qui l'avoient déja fait, que ces remedes produiſoient de tres-bons effets. Monſieur Peliſſon en a envoyé en divers lieux de la part du Roy, où ce remede a le meſme ſuccez.

Les maladies de ce canton, ſont des fiévres continuës, contagieuſes, & tres-malignes, avec des grands maux de coſté, de teſte, & de reims, & ſouvent accompagnées de grandes toux, *que l'on guerit d'ordinaire par une ſeule purgation.*

Outre qu'il y va de voſtre charité, je croy que vous ferez un grand ſervice au Roy, & au Public, d'envoyer de ces remedes aux lieux qui ſont affligez de maladies; *le Livre qui en apprend l'uſage eſt fidelle*, je le voy tous les jours par experience, je fais diſtribuer ces remedes chez moy, à tous les malades des environs, &c.

SUITE DU CHAPITRE II.

Contenant beaucoup d'autres Cures extraordinaires, faites en divers Evêchez, és années 1669. 70. 71. 72. 73. 74. 75. 76. 77. &c. Leſdites Cures atteſtées par divers Evêques, & Medecins.

L'Experience inſtruit & perſuade plus que les paroles, c'eſt pourquoy on continuë de parler des Cures extraordinaires qu'ont fait ces Remedes.

1. L'Eveſque de *Treguyer*, deputé à l'Aſſemblée generale du Clergé, l'an 1670. dit à ladite Aſſemblée, que la premiere ſemaine que l'on commença à diſtribuer de ces Remedes dans ſa Ville Epiſcopale, qu'on en donna à 28. malades, dont 24. guerirent le meſme jour de la medecine. Par ſon Mandement, qu'il a donné depuis, il dit avoir étably la diſtribution de ces remedes par tout ſon Dioceſe, qu'il les fait payer aux Fabrices, comme ont fait quelques autres Eveſques, qu'on les diſtribuë a tous les Paroiſſiens *gratuitement*, & que cela continuë à produire par tout des effets merveilleux.

2. L'Eveſque de *Caſtres* a dit par ſon Mandement, que l'année 1671. la diſſenterie fut tres-forte dans ſa Ville, & le Flux de ſang, que les pauvres qui prirent de ces remedes, quaſi tous guerirent en trois ou quatre jours, & qu'il mourut beaucoup de riches, qui ſe ſervirent des remedes ordinaires.

N.

3. L'Evesque de *Meaux* fut Canonizé dans son Diocese, le *Curé de Mauregard* revenant du Synode, l'an 1671. où cét Evesque avoit distribué de ces remedes en bailla à un homme tombé d'Apoplexie, qui avoit perdu la parole, & estoit abandonné, cét homme trois jours aprés fut à la charuë: Les bonnes gens de son Village sortirent tous au devant de leur Evesque, faisant sa Visite, disant qu'il avoit ressuscité un mort, & que c'estoit sa Benediction qui donnoit cette vertu aux remedes.

4. L'Evesché d'*Angers*. M. le Cerf *Directeur du Seminaire*, qui a le soin de ces établissemens charitables, a mandé diverses cures, entr'autres celle d'un pauvre homme abandonné, qui avoit receu tous ses Sacremens, qui en trois jours fut parfaitement guery par ces Remedes, & se remit à son travail.

5. De *Nantes*, M. Genéron, grand Vicaire, a mandé que ces Remedes y ont fait toutes les cures dont est parlé cy-aprés.

6. De *Vennes*, M. Guido, grand Vicaire, a envoyé la Lettre de M. *Bonne-Camp*, *Medecin celebre* & charitable, dattée du 22. Septembre 1671. qui dit avoir éprouvé ces remedes, & avoir guery entr'autres des Tourrieres des Religieuses de la Visitation du lieu, qui avoient des fievres malignes, avec convulsions & syncopes.

Il a dit encore avoir guéri quatre ou cinq Capucins du lieu de divers maux, dés la premiere medecine, de quoy il s'estoit estonné, parce que leur Convent est mal sain, & que d'ordinaire les malades, pour se remettre, estoient obligez de changer d'air.

Enfin, il a dit que ce Remede le surprend, parce que quelquefois il fait vomir, & d'autrefois ne le fait pas, & neanmoins qu'il guerit des maladies qu'on dit contraires dans l'Ecole.

7. De l'Evesché *de Dol*, l'Abbé Taureau, grand Vicaire, frere de l'Evesque, a mandé qu'ils font les mesmes effets, que dans les autres Evêchez.

8. De *S. Brieux*, M. *Vaudurand*, *Grand Vicaire*, a mandé qu'une personne de qualité estoit tombée en lethargie, il y avoit 3. jours, que les Medecins ne l'avoient pû faire revenir, qu'ils luy firent bailler de ces remedes, qu'elle revint, qu'elle vécut trois jours, qu'elle receut les Sacremens, fit son testament, & donna ordre à ses affaires, avec un esprit sain, & un jugement solide comme en pleine santé.

9. De *Beauvais*, l'Evesque atteste par son Mandement, que les effets se trouvent conformes à ce que l'Assemblée generale du Clergé a certifié par son Acte du 17. Novembre 1670.

10. De *Nevers*: Les Directeurs de l'Hospital General ont mandé entr'autres choses, que l'année 1671. la petite verole avoit esté forte en leur Ville, que les enfans des pauvres, qui ont pris de ces remedes, ont guery presque tous, *& ne sont point marquez*; & qu'il en est mort grand nombre de ceux des riches, *& que ceux qui sont échappez sont fort marquez*. Ils disent aussi qu'on a gueri toutes sortes d'autres maladies, d'une façon surprenante.

11. De l'Archevesché *de Sens*: Le Doyen de la Cathedrale, Directeur de l'Hôpital, a asseuré qu'on y a fait des cures surprenantes,

De *l'Abbaye de Chaume*, où l'Archevesque demeure souvent, on a mandé qu'on y avoit guery parfaitement une femme hydropique, desesperée, & abandonnée des Medecins, l'an 1672. Cette année encore 1680. le Curé a dit qu'il continuë à faire des pareilles cures.

L'Abbesse de Nostre Dame de Sens, sœur de l'Archevesque de Paris, qui depuis 1669 fait distribuer de ces remedes aux pauvres gens dans son Convent, en écrivit les bons succez en 1670. à son frere, lors Archevesque de Roüen, & President du Clergé, ce qui contribua avec l'attestation des autres Evesques à cét Acte du 17. Novembre 1670. qui a exhorté tous les Evesques du Royaume à établir dans leur Diocese la distribution de ces Remedes.

12. De l'Archevesché *de Bourges*: Le *Superieur du Seminaire de Vierzon*, qui en a fait distribuer dans le Seminaire, a mandé qu'on y accouroit de toutes parts, & que ces pauvres en devenoient plus gens de bien, parce qu'ils se laissoient conduire au spirituel, quand ils estoient gueris.

M. Couvran, Directeur pour le spirituel de l'Hospital General de Bourges, a mandé les mesmes effets que les autres.

13. *Gap*, *Agde*, *Sarlat*, & tous les autres Evesques dénommez dans la Liste,

qui ont fait éproüver ces remedes dans leurs Hofpitaux, en ont attefté la bonté M. *de l'Efcure*, Docteur celebre en Medecine, qui exerce à Agde, l'attefte aufli dans un Livre qu'il a fait imprimer. Le Medecin de M. l'Evefque de S. Pons, dit la mefme chofe, & plufieurs autres, dont fera parlé cy-aprés.

14. Par la Lettre Circulaire des Curez du Duché de Luynes, du mois de Septembre 1671. il eft dit, outte les Cures ordinaires, qu'on avoit guery dans l'Hofpital du lieu, 5. Ecroüellez, qui eftoient percez en divers lieux. *Ecroüelles.*

15. L'Agent *du Duc de Liancour*, par fa Lettre du mois de Septembre 1672. a mandé que le Medecin de ce Duc, avoit éprouvé ces remedes avec les mefmes fuccez que ceux marquez cy-deffus. *Duché de Liancourt.*

16. *Le Curé de Malherbes*, du Marquifat d'Entragues, a mandé la mefme chofe, & que les Sages Femmes du lieu, en donnoient à toutes les femmes en travail d'enfant, qui en accouchoient plus promptement, plus heureufement, fe purgeoient mieux, & eftoient plutoft relevées.

17. *L'Abbé Chaumel*, Vifiteur general des Carmelites Déchauffées de France, a afluré que dans le cours de fa vifite, il avoit veu tous ces effets en divers Evefchez, *qu'à Nantes* entr'autres, un nommé *M. Rogen* s'en fervoit pour fes goutes, que les accez venoient moins fouvent, duroient moins, & que les douleurs violentes ceffoient dés le jour de la medecine. *Goute.*

M. Correur, Miffionaire de Picardie, a dit la mefme chofe d'un Chantre de la Cathedrale d'Amiens, qui ne fe pouvoit fervir des pieds ny des mains, & qui deux jours aprés le remede alla à l'Eglife. *Goute.*

L'Abbé Gaillard, a aufli dit que M. *Belot* Concierge des antiquitez du Louvre, s'en fervoit pour fes goutes avec pareil fuccez. *Goute.*

L'Abbé Chaumel, a envoyé de ces remedes à *l'Hofpital d'Iffoyre* en Auvergne, Diocefe de Clermont, & le Medecin qui eftoit avec luy, dit qu'ils produifoient tous les effets dont on a parlé cy-deffus, & dont fera parlé cy-aprés.

TOURS.

M. Denis Superieur du Seminaire de l'Archevefché de Tours, a écrit que ces remedes avoient fait des cures extraordinaires dans le Seminaire, dans l'Hofpital, & les Paroiffes de la Campagne.

1. Qu'ils avoient guery grand nombre de fievres quartes en peu de temps. *Fievre quarte.*

2. Un gouteux inveteré, foulagé promptement, & d'une façon furprenante, *font fes termes*, Les douleurs violentes ceffent d'ordinaire le jour de la medecine, & fouvent dés qu'elle commence à operer. *Gouttes.*

3. Un enfant malade il y avoit 2. ans, gueri de la premiere medecine. *Hydropifie.*

4. Une fille enflée extraordinairement, dont le nombril avoit crevé, guerie en 8. jours.

5. Un enfant malade il y avoit 2. ans de la gravelle, gueri en 5. jours. *Gravelle.*

6. Un autre enfant, qui avoit la diffenterie, avec une fievre continuë, & fluxion fur la poitrine, gueri en 24. heures.

7. Une femme qui avoit de grands ébloüiffemens, avec un grand mal au fein, guerie en 3. jours. *Ebloüiffement.*

8. Une autre femme malade depuis 3. ans, languiffante & enflée, guerie en 3. jours. *Enflée.*

9. Chez l'Archevefque de Tours, Rofmadéc, deux Laquais gueris, & 2. chevaux abandonnez des Marefchaux, eftants à Paris. *Chevaux.*

Le Cheval de l'Abbé Gaillard, gueri d'une courbature, ayant fait ce qui eft dit, dans le Livre. *Cheval.*

11. *De la Duché de la Valiere.* Le Curé de *Villiers* a écrit, les diverfes cures extraordinaires, qu'y ont fait ces Remedes, *le memoire a efté montré au Roy.* *Duché de la Valiere.*

12. Le Grand Vicaire *d'Agde*, a écrit avoir establi la distribution des remedes, dans toutes les Paroisses du Diocese, avec un succez merveilleux.

Qu'un Chirurgien entr'autres, incredule & sans foy, a esté guery qui perdoit la veüe, aprés avoir consulté inutilement, la faculté de Medecine de Montpelier, & s'estre servy de tous les remedes ordinaires, sans aucun soulagement, qu'on la purgé diverses fois avec le remede des pauvres, & qu'on luy a appliqué des amplastres d'onguent divin sur les yeux qui l'ont guery.

13. L'Evesque *de Gap* a écrit en 1672 que ses Curez qui distribuoient de ces remedes passoient pour des faiseurs de miracles.

Que dans son Hospital general, il y avoit un enfant de 7. à 8. ans malade il y avoit 2. ans d'une fluxion sur le visage si maligne, qu'il ne paroissoit qu'une masse de chair toute pourie, sans que les yeux parussent, & ne voyoit il avoit 2. ans. Cependant qu'au bout de 4. jours il commença à voir, & fut guery parfaitement en 15. & que tout le peuple de la Ville le fut voir comme par miracle.

14. L'Evesque *de Nevers* a fait envoyer diverses attestations de ses Curez, qui contiennent des cures extraordinaires, & une autr'autres *de M. Brisson*, President en ladite Ville, qui en distribuë chez luy à tous les pauvres à l'issuë de son disner.

PARIS.

Nous serions trop longs, si on rapportoit par le detail, l'attestation de tous les Evesques, Abbez, Ducs, & Pairs, & autres denommez en la Liste, ils contiennent en substance ce que nous venons de dire: C'est pourquoy il faut parler icy d'une partie des Cures faites à Paris, parce qu'on y vient de toutes les Provinces, & qu'on peut interroger ceux qui ont esté gueris.

1. Dans *l'Hostel-Dieu de Paris*, la Mere de S. Benoist, & la Mere S. Elizabeth ont distribué de ces remedes avec succez depuis l'an 1669. Jusques à leur mort. La premiere n'est morte que l'an 1681. comme la attesté la Mere du S. nom de Jesus le 31. Juillet 1681.

2. L'année 1671. *Denis Plausior*, Bourelier de la Paroisse de Valanton, Diocese de Paris, estoit malade il y avoit 7. ans, d'une Semilepre, il avoit les bras, les jambes, & l'estomac couverts d'une grosse galle blanche épaisse d'un poulce, toute croutée, qui rendoit du pus infect tres puant; les remedes ordinaires de Paris où il venoit souvent, ne l'avoient pu guerir; ceux des pauvres le guerirent parfaitement en 3. semaines, il fit ce qui est dit Art. 25. de la galle & gratelle.

En 1669. *Madame Faviér*, qui est l'une des Dames de la Charité de la Paroisse de saint Estienne du Mont, guerit un vieillard de 60. à 80. ans, resté paralitique de la moitié du corps, aprés une appoplexie, ou les remedes ordinaires n'avoient rien fait, ce pauvre fut indiqué par M. Husson, Auditeur des Comptes.

5. En 1670. dans la Paroisse *de S. Paul*, *Madame le Fevre*, qui en distribuoit aussi par charité, guerit une pauvre fille qu'on croyoit hydropique, & qui sentoit de grandes douleurs dans le ventre, à qui les remedes ordinaires ne faisoient rien.

En 1669. 70. & 71 dans la Paroisse de S. Severin, les Demoiselles d'Auvergne, qui sont aussi de la Confrerie des Dames de la Charité de leur Paroisse ont fait diverses cures extraordinaires, & continuent il y à 13. ans.

Entr'autres, elle ont guery d'une surdité un Laquais *de M. Murat*, Conseiller au Parlement.

Madame Bodon, belle-mere dudit sieur Murat Conseiller, a gueri par ces remedes un pauvre Batelier proche de Mante, resté paralitique aprés une apoplexie.

Nota, que si les patalisies sont inveterées, on les soulage seulement, mais on ne les guerit pas.

Lesdites Demoiselles ont gueri un enfant de deux ans, qui avoit un flux de sang il y avoit deux mois.

Lesdites Demoiselles ont gueri un enfant de cinq mois, d'une fievre quarte.

Lesdites Demoiselles ont gueri une femme sourde de trois mois, & qui avoit une fievre quarte.

7. Dans

7. Dans la Paroiſſe de ſaint Sulpice, au Faux-bourg ſaint Germain, on a fait auſſi diverſes cures extraordinaires par ces remedes des pauvres.

En 1669. *Pierre Michy Blanchiſſeur*, demeurant ruë du Four, chez le ſieur *Bruno* Chandelier fut gueri d'une Apoplexie: Les remedes ordinaires ne l'avoient pû faire revenir, dés qu'il eut pris ceux des pauvres la parole luy revint, & le jugement, & ſix jours aprés il alla à la Meſſe, & depuis s'eſt bien porté, quoy qu'il ſoit tous les jours à l'eau. *(Apoplexie.)*

En 1669. *La veuve Flamand* vieille & pauvre, qui vendoit de l'eau de vie & du pain d'épice, vis-à-vis de l'Egliſe, avoit une fievre lente, & une ſurdité de huit mois, ſi grande qu'elle n'entendoit pas le ſon des cloches, & eſtoit au pied du clocher, elle fut guerie parfaitement de ces deux maux. *(Surdité.)*

9. En 1669. dans la Parroiſſe de ſaint André des Arcs, *Madame Sonnet* perſonne riche & charitable qui penſoit les playes de tous les pauvres, qui s'adreſſoient à elle, indiqua une pauvre femme, & ſa fille, qui avoient des loupes de neuf mois, toutes les deux furent gueries. *(Loupes.)*

En 1670. le fils & la femme de *Iolivet* pauvre laboureur de terre, derriere les Incurables, ruë Traverſe à l'Image de Noſtre-Dame, furent gueris d'un rumatiſme violent: le fils n'eſtoit malade que depuis trois ſemaines, il fut gueri en vingt quatre heures. *(Rumatiſme.)*

La femme eſtoit malade il y avoit quatre ans, avec un grand mal de teſte, & inſomnie; deux medecines, avec les pilules, la guerirent en quinze jours, & un emplâtre d'onguent divin ſur le haut de la teſte. *(Migraine.)*

En 1661. Le Curé de *Mal-herbe*, Archeveſché de Sens, écrivit que deux femmes en travail d'enfant eſtoient deſeſperées; qu'elles tomboient en de groſſes convulſions de quart-d'heure en quart-d'heure, & que ces remedes les firent accoucher heureuſement. *(Travail d'enfant.)*

La Dame le *Peinter*, en 1669. gardienne de malades ruë ſainte Marguerite, à l'Aigle d'or proche l'Abbaye ſaint Germain, a donné de ces remedes des pauvres à pluſieurs femmes; les unes ont accouché heureuſement, qui eſtoient deſeſperées, les autres ont rendu l'arriere fais qui eſtoit déja pourry, & grand nombre ont eſté gueries de groſſes fievres, & de tranſports au cerveau pendant leurs couches. *(Arrierefaits.)*

En 1670. *Anne Perel*, pauvre femme & vieille petite ruë Taranne, chez Madame *Pinſemil*, avoit des ſuffocations ſi violentes, il y avoit long temps, qu'elle eſtoit des trois & quatre heures ſans pouvoir parler, elle fut guerie par deux medecines. *(Suffocations.)*

En 1670. au mois de Novembre, *Marie Prevoſt* fut guerie d'une fievre quarte de ſeize mois, ruë ſaint Benoiſt, proche l'Enſeigne du petit Jardinet. *(Fievre quarte de 16. mois.)*

En 1669. un enfant de quatre ans, fille d'un Cabaretier, qui demeuroit au Sauvage ruë des Canettes, fut guerie, elle avoit la fievre il y avoit deux ans, les remedes ordinaires n'y avoient pû rien faire. *(Enfant.)*

En 1670. & 71, un compagnon Mareſchal appellé Simon, ruë Taranne. Un Valet de chambre addreſſé par l'Abbé de la Tourette, proche la Sorbonne. *(Fievres quartes.)*

Un autre addreſſé par le Comte de Chaumont, ruë des Canetes, tous ont eſté gueris de fievres quartes.

En 1670. M. *Frichot* Docteur de Sorbonne, fut gueri d'une fievre tierce, la veille qu'il devoit ſoûtenir.

En 1670. à Lannion, Eveſché de Treguier, le Confeſſeur des Religieuſes de l'Hôpital ſe mouroit d'une pleureſie, il avoit eſté mis en Extreme-Onction, il étouffoit, les remedes ordinaires n'operoient point, ceux des pauvres firent ceſſer ſes douleurs en en deux heures, dégagerent ſa poitrine & reſpira ſans peine; On luy donna de quart d'heure, en quart d'heure, quatre cuillerées de la drogue dont parle le livre, avec quatre cuillerées de boüillon, demy-quart-d'heure aprés chaque priſe. *(Pleureſie violente.)*

En 1669. *La Coudray*, Soldat du guet, qui avoit ſervi chez le Prince de Conty, eſtoit extraordinairement enflé de l'eſtomac, du ventre, des bourſes, des jambes & des cuiſſes, les remedes ordinaires n'avoient point operé, ceux des pauvres le guerirent en deux jours, il demeuroit ruë des quatre vents, vis-à-vis du jeu de paume, proche un Vitrier. *(Enflure extraordinaire.)*

En 1669. On a écrit de Lannion, Eveſché de Treguyer, qu'une femme hydropique avoit eſté guerie, qui avoit eſté miſe en Extrem-Onction, ſi fort enflée, qu'il falloit la remuer avec un linceul. *(Hydropique.)*

O

On a écrit du mesme lieu , qu'une femme tombée d'Apoplexie abandonnée des Medecins , avoit esté guerie par ces remedes.

L'Evesque du lieu , comme on a dit , a attesté par son Mandement , que ces remedes ont fait des cures extraordinaires dans tous les lieux de son Diocese.

En 1671. le *Curé de saint Pierre de Verneuil en Perche*, *Evesché d'Evreux*, écrivit la cure d'un Hydropique , que tous ceux de la Ville coururent voir comme un mort ressuscité , tant il estoit enflé.

En 1670. on écrivit la mesme chose de l'Abbaye de Chaume , où l'Archevesque de Sens faisoit distribuer de ces remedes , par le Curé du lieu.

On pourroit raconter un tres-grand nombre de ces cures : il n'y a point d'enflure qu'on ne guerisse , si l'hydropisie n'est pas formée.

En 1668. *Ieanne Maugé* , vis-à-vis de l'Abbaye de saint Germain fut guerie d'un mal de dents violent , qui l'empéchoit de rien manger de solide , il y avoit trois à quatre mois.

En 1670. le Curé de saint Pierre de Verneuil , Evesché d'Evreux en Normandie, écrivit la mesme chose d'un pauvre ouvrier , que ce mal empeschoit de travailler & gagner du pain à sa famille , il y avoit trois mois , il fut gueri en douze heures.

D'ordinaire les maux de dents , qui ne sont pas inveterez , cessent dés que le remede commence à operer.

En 1671. un valet de pied autrefois de la Princesse de Conty fut gueri d'un flux de sang de huit mois , *à la connoissance du Medecin de la maison* , les remedes ordinaires ne l'avoient pû guerir , ny le lait qu'il avoit pris deux mois durant.

En 1670. & 71. le fils de la *veuve Cholo* , fut gueri d'un flux de sang , ruë de la Corne , proche l'Image de saint Joseph.

Dans la mesme maison *Martin de la Vallée* , & *Blaise Brillac* Maçons , & nombre d'autres ouvriers furent gueris , à la connoissance de ladite veuve, de fievres, flux de sang , dissenteries & cours de ventre.

Un entr'autres estoit enflé, avoit une fievre tierce,& les Emoroïdes qui luy sortoient grosses comme les poings , avec de grandes douleurs : deux medecines , & 18. grains de la pâte blanche le guerirent parfaitement.

En 1670. *Simon le long* Compagnon Charpentier , *ruë du Four* , vis-à-vis de la cloche percée avoit un grand cours de ventre , & un tremblement de membres,il ne pouvoit porter le verre à la bouche, les remedes ordinaires ne l'avoient pû guerir,ceux des des pauvres le guerirent.

En 1670. *Maistre Georges Botté* , pauvre Compagnon Peintre , ruë des cizeaux,vis-à-vis d'une maison neuve , avoit une colique violente avec fievre & grande alteration, il n'avoit esté à la selle il y avoit sept jours , il rendoit les lavemens ordinaires, comme on les luy bailloit , sans aucune matiere ; ceux des pauvres , avec la poudre , & la drogue le guerirent parfaitement.

Sa femme estoit nourrice , qui avoit le sang échauffé par insomnie , & son nourrisson âgé de quinze mois , avoit un flux de sang , les remedes distribuez comme dit le Livre , guerirent la mere & l'enfant en quatre jours.

En 1669. *Corbin* Compagnon fondeur , ruë Guisarde , image S. Louis , estoit malade d'une colique qui l'empeschoit de travailler il y avoit onze mois , il fut gueri en quinze jours. On le traita suivant le livre.

Un sien compagnon qu'il indiqua , malade du mesme mal , il y avoit sept mois , fut aussi gueri.

En 1669. une pauvre vieille de l'Isle Nostre Dame adressée par *Mademoiselle Cornier* , femme d'un Avocat au Conseil , fut guerie d'une difficulté d'urine inveterée, causée par la gravelle, elle disoit , qu'elle n'urinoit que goute à goute , avec des douleurs insupportables.

En 1670. *le Vasseur pauvre peintre* , & vieux , fut gueri , ruë Guisarde ,qui avoit un flux d'urine, avec de grandes douleurs , qui avoient enflamé & fait enfler la verge, le flux d'urine n'a pas cessé ; car il a une fistule depuis avoir esté taillé , mais les douleurs cesserent le mesme jour.

En 1670. à Lannion , Evesché de Treguyer , un pauvre Jardinier se mouroit d'une retention d'urine, on l'avoit mis en Extrem-Onction , les remedes ordinaires n'avoient point operé, ceux des pauvres le guerirent , mais il falut luy donner trois medecines en neuf heures de temps, les deux premieres n'opererent pas, tant l'obstruction estoit grande.

En 1670. *Dame Anne* pauvre femme vieille, porteuse de hotte, ruë des Fosseyeurs, à Paris, chez un Savetier, au bas de la ruë avoit une espece de cancer dans la joüé, *Espece de Cancer.* qui se répandoit à l'entour de l'œil, avec des douleurs insupportables, les remedes ordinaires aigrissoient son mal, on l'a purgea, & se frotta trois fois le jour, de l'eau pour les yeux, dont il est parlé cy-aprés ; ses douleurs cesserent en 24. heures, & en quinze jours, cette espece de cancer large comme un écu blanc, se reduit à la grosseur d'un pois, quand il veut s'étendre, on la purge, de 3. mois en 3. mois, cela l'arreste, elle se frotte tous les jours de cette eau pour les yeux, & ainsi elle se garantit, & ne sent aucune douleur, travaille & gagne sa vie avec sa hotte.

En 1671. le Curé de saint Pierre de Verneuil en Normandie Evesché d'Evreux, *idem.* a mandé aussi une cure quasi semblable, d'une femme qui ne pouvoit travailler il y avoit 6. mois & qui fut guerie en 12. jours.

Plusieurs filles & femmes ont esté gueries de la jaunisse, & de leurs purgations arrestées.

M. de Vau-Durand grand Vicaire de S. Brieu, en 1672. a mandé qu'une fille avoit esté *Paralisie.* guerie d'une espece de paralisie, qui ne pouvoit travailler il y avoit six mois.

Madame Sevin, de la ville d'Amiens, a dit avoir fait diverses Cures extraordinaires, *Travail d'enfant.* entr'autres avoir fait accoucher heureusement une femme abandonnée, enflée, & tenduë comme un tammbour.

Une femme guerie d'une Paralisie sur la langue adressée par *Madame Carli,* aban- *Paralisie.* donnée des Medecins, & mise en Extreme-Onction. *Paroisse saint Marcel en 1671.* à Paris.

Le fermier de l'Abbaye de Valvisant. Diocese de Sens, c'est garanti de la goute cet *Goute.* hyver 1672. à laquelle il est sujet il y a longues années, il passoit quasi tous les hyvers dans le lit. Le Pere Procureur des Bernardins à Paris, l'a asseuré, il a envoyé de ces remedes à plusieurs de leurs Abbayes.

Iacques Cheri, compagnon Charpentier, ruë de la Corne, à l'Image S. Ioseph, se *Abcez.* mouroit d'un abcez, les remedes des pauvres le luy firent rendre par la bouche, si puant, qu'il falut à son *Confesseur, Monsieur Prevost,* de la Communauté de saint Sulpice, sortir de la chambre, avec tous ceux qui y estoient l'an 1672.

DIVERSES RELATIONS.

Envoyées à M. Pelisson Maistre des Requestes, de l'Hospital Royal *de Marseille pour les Soldats & Matelots* & de beaucoup d'autres endroits à qui il procure les Remedes des Pauvres de la part du Roy. Celles de Marseille, sont attestées par M. *Brunet* Docteur en Medecine.

Du 22. Novembre 1677. *à Marseille.*

MARSEILLE

1. Moy *Huë,* j'ay distribué les remedes pour les pauvres, par l'ordre de M. *Brunet,* Medecin de l'Hôpital Royal de Marseille, pour les forçats, soldats & matelots, & j'ay suivi exactement tout ce que prescrit le Livre qui en enseigne l'usage.

2. Je ne parleray point des Cures ordinaires faites l'année derniere & la courante 1677. le nombre en est trop grand. Je tiens un journal de toutes les Cures, & de tous ceux à qui on donne de ces Remedes ; suivant que M. *Pelisson* l'a ordonné.

3. Le 16. Avril 1676. *Iean Fisquet* âgé de 76 ans à l'extremité d'une fievre maligne, *Fievre maligne.* & d'un vomissement continuel, à qui on n'avoit pu donner que l'Extreme-Onction ; & qu'on n'avoit pu soulager par les Remedes ordinaires, fut gueri parfaitement en 4. ou 5. jours, par 24. grains de la pâte jaune, & 8. onces de l'infusion de la noire, appellée *drogue dans le Livre.*

4. Le 29. Avril, *Iean Roturier,* grievement travaillé d'une fievre continuë, il y avoit *fievre violen-*

9. jours, à qui les remedes ordinaires ne faisoient rien, ayant pris de la paste jaune, & de l'infusion comme dessus, il sua seulement, & guerit parfaitement quatre jours aprés.

Iaunice.

5. Le 30. Avril *Claude Darbon*, serviteur de l'hospital, travaillé grievement d'une fievre avec une jaunisse maligne, il y avoit 15. jours que les remedes ordinaires ne le soulageoient point; a esté gueri parfaitement par 24. grains de la paste jaune, donnez suivant le livre.

Fievre continuë.

6. Le 30. Avril, *Georges Greé*, agé de 70. ans, a esté parfaitement gueri par 8. onces d'infusion d'une fievre continuë tres-violente; & vingt-quatre grains de la paste blanche.

Scorbut.

7. Le 10. Avril, *Pierre Amiel*, agé de 73. ans malade du *Scorbut*, que les Remedes ordinaires ne le soulageoient point, traité suivant le livre a gueri.

Hidropisie.

8. Le 3. May *Nicolas Moranville*, agé de 45. ans, malade il y avoit 7. mois d'une fievre maligne, & d'une enfleure, hydropique par tout le corps, aprés divers remedes inutiles, a pris 4. fois de la paste jaune, & 8. onces d'infusion *de la drogue*, suivant le livre, qui luy a fait rendre une quantité prodigieuse d'eau rousse, par le haut & par le bas; & a esté guery parfaitement 1. jours aprés.

Mal de teste.

9. Le 15. May *Hippolite Fradin*, serviteur de l'Hospital malade d'une fievre maligne, & d'un grand mal de teste, d'estomach & de reims, qui n'avoit point esté soulagé par les seignées, & autres Remedes, a esté parfaitement guery, deux jours aprés avoir pris de la paste jaune & de l'infusion.

Hydropisie.

10. *Iacques du Chemin*, enflé par tout le corps, a esté parfaitement guery par la paste blanche & l'infusion.

Jaunice.

11. *Philippes de la Forge*, malade d'une jaunice & fievre continuë, guery comme déssus.

12. *Laurens Cai*, malade d'une grosse fievre continuë, il y avoit long-temps guery comme dessus, il estoit desesperé.

Fievres continuës desesperées.

13. *Iean le Mercier, Louis Beviard, & Iean Boucard*, grievement travaillez de fievres continuës sans esperance de guerison, ont esté parfaitement gueris, en 3. ou 4. jours par la paste blanche & l'infusion, le dernier ne fut purgé que legerement par le bas, avec une sueur universelle, les remedes ordinaires n'avoient rien fait.

Fievres malignes & continuës.

14. *Antoine Pourra, Iean Quelet, & Eimanche Chevillard*, malades de fievres continuës desesperées, aprés avoir pris les remedes ordinaires sans soulagement, ont esté gueris en 4. jours, par la paste blanche & l'infusion donnée suivant le livre. *Iean Quelet*, ne fut purgé que par le bas, & par une sueur excessive.

Maux de testes.

15. *François Brat, Antoine Tricho, François Salfray, Charles le Fer, François Renier Esme, Iacques, François Benard, Guillaume le Beau, & Iean Beaumont*, tourmentez de grosses fievres, avec maux de teste, d'estomach, & de reims, la pluspart avoit pris divers remedes ordinaires sans soulagement tous ont esté parfaitement gueris en 4. ou 5. jours, par les remedes des pauvres, donnez suivant le livre.

A la reserve *de François Bernard*, à qui il a falu en donner 7. fois; & enfin la derniere, n'ayant fait aucune evacuation, il a guery neanmoins: Ce qui nous a fait connoistre, comme en plusieurs autres, que ces Remedes operent differemment suivant les differentes dispositions, car ils n'operent jamais de mesme façon.

16. *François Chappelle*, cru mort, 3. fois; on luy a donné, 5. jours differends de l'infusion, & est revenu en parfaite santé. La derniere prise n'ayant pas operé, on cessa de luy en donner, ce qui fait voir qu'on en peut donner, tandis que cela opere, sans craindre d'affoiblir le malade.

DISSENTERIES.

Fievre desesperée.

1. *Iean Berichen, Antoine Girardeau, & Louis Sauve*, ont esté gueris parfaitement de fievres, cours de ventre, & dissenteries, par les remedes cy-dessus, reïterez 2. & 3. fois suivant le livre. *Louis le Sauve*, rendit des vers par la bouche. *Girardeau*, avoit pris un bol astringeant, & corroboratif, le 27. Septembre. Le 28. 29. & 30. de la confection de Jacinthe: & le 1. & 2. Octobre des portions cordiales, sans soulagement.

PLEURESIE.

2. *François le Marchand*, qu'on ne croyoit pas devoir guerir d'une grosse fievre

&

& pleurefie violente ; aprés avoir pris tous les remedes ordinaires fans foulagement, a efté gueri en tres-peu de temps, par les remedes cy deffus.

PETITE VEROLLE.

1. *Iean Baptifte* : âgé de 12 ans, a efté gueri parfaitement par les remedes cy-deffus, diftribuez fuivant le livre, la premiere purgation, fit fortir la Verolle, & la derniere le guerit entierement. Le remede eft immancable pour faire fortir *la pefte, le pourpre*, rejetter *le poifon*, & fauver le malade.

2. *Thomas Pigache, Iacques Verneuil, Iean de Gudan, Leger Marcel, Louis Rouleau*, malades de fievres violentes, que les remedes ordinaires ne gueriffoient pas, ont efté parfaitement gueris par ceux des pauvres donnez fuivant le livre. *Marcel*, fua extraordinairement, & fe purgea peu.

3. *François de Beneffe*, malade d'une groffe fievre, & douleur violente de cofté a efté gueri parfaitement, en 4. jours, par les remedes cy-deffus.

4. *Iean la Caille*, ne repofoit ny jour ny nuit, travaillé d'une groffe fievre, & d'une oppreffion de poitrine étouffante, il a gueri par les remedes cy-deffus.

(marginalia: petite Verolle. Fievres malignes. douleur de cofté. Oppreffion.)

REMARQUES DE MONSIEUR BRUNET MEDECIN
de l'Hofpital Royal de Marfeille.

1. Je voy par experience, que ces remedes font bons, pour toute forte de maux.

2. Que le meilleur eft de les donner, dés le commencement du mal, & les reïterer jufques à parfaite guerifon, quelque foible que foit le malade. S'il en meurt, *comme il n'y a point de remede pour rendre les hommes immortels*, Les douleurs diminuent du moins, *le jugement revient pour recevoir les Sacremens*, & la mort eft plus douce, comme j'ay veu par experience.

3. J'ay encore remarqué, que leurs effets font differends des remedes ordinaires, & qu'ainfi il faut à *l'aveugle*, fuivre le livret qui en enfeigne l'ufage, & la diftribution, dont tout le monde eft capable, pourveu qu'il fçache lire.

4. *Ie n'en ay veu aucun mauvais effet*. Au commencement de l'operation, on vomit d'ordinaire, cela ne dure guere, & eft fuivy d'un doux fommeil, qui rétablit les forces, & on fe purge par le bas, aprés cela fans tranchées.

5. J'ay encore veu, que plus on vomit, & plutoft on eft gueri, fouvent on ne fe purge que par le bas, & d'autrefois que par le haut, ou par la fueur, & on ne laiffe pas de guerir.

6. On guerit fort fouvent, quoy qu'on ne prenne que de la pafte jaune ou blanche; mais on guerit pluftoft fi on prend le foir de l'une de ces pâtes & le lendemain de l'infufion fuivant le livre. Il n'en coufte qu'un fou davantage.

7. Il feroit à fouhaiter que le Roy fift donner un pacquet de ces remedes à chacune de fes Galeres & Vaiffeaux qui vont en courfe ; cela luy conferveroit bien des Soldats, Forçats & Matelots, qui periffent par les maladies, qui luy couftent beaucoup à rétablir.

8. Il feroit auffi à fouhaiter que Sa Majefté continuaft d'en envoyer à cet Hofpital, en telle quantité, qu'on puft en diftribuer aux ouvriers qui travaillent à l'équipage des Vaiffeaux ; & autres pauvres gens de la Ville, dont un grand nombre perit pour n'avoir pas dequoy payer des remedes.

Fait à Marfeille dans l'Hofpital Royal, le 12. Novembre 1677. Signé,

BRUNET MEDECIN.

D'ALBI.

M. BIGORRE, Medecin de l'Archevefque du lieu, illuftre &
celebre Docteur, a écrit à M. Peliffon, Maiftre des
Requeftes & Abbé. Du 24. Juin 1678.

Je diftribuë des remedes des pauvres contre l'avis de beaucoup de mes Confretes : Leurs bons effets m'ont perſuadé, & j'ay eſté touché par la miſere d'un grand nombre de pauvres gens qui meurent & languiſſent ſans aucun ſecours, parce qu'ils n'ont pas dequoy payer des Medecins, &c.

1. Je ſuis exactement le livre, quoique beaucoup de choſes ſoient contre toutes les maximes de noſtre Art ; mais ceux qui ont inventé ces remedes en ſçavent mieux les qualitez que nous.

ſievre vermineuſe. pleureſie. Diarrée.

2. La premiere à qui j'en ay donné, ç'a eſté à la femme de *François Gorgſe*, Tiſſerand dans un de nos Faux-bourgs. Elle eſtoit attaquée d'une fievre vermineuſe tresmaligne, Pleureſie, crachement de ſang, & d'une Diarrée bilieuſe, ſi foible, qu'on ne croyoit pas qu'elle deuſt paſſer le jour. Je luy donnay d'abord huit cuillerées de la drogue, pareille doſe quatre heures aprés ; cela ne fit pas grand effet le premier jour. Le lendemain je reïteray le remede, & elle fit trente & un gros vers, d'un grand pied de long. La nuit aprés elle en fit onze, le lendemain vingt-quatre. En cinq jours elle en a rendu 103. Pandant ces cinq jours, je luy donnois tous les matins deux cuillerées de la drogue, qui eſt l'infuſion de la paſte noire, pareille doſe à midy, & autant le ſoir ; & ſur chaque pinte d'eau, qui eſtoit ſa tiſanne, deux cuillerées pareillement de ladite drogue, & l'ay guerie ainſi parfaitement.

pourpre.

3. Un ſien voiſin, malade d'une fievre pourprée tres-maligne, a eſté gueri d'une ſeule priſe de la paſte jaune.

pourpre.

4. La femme de cet homme, qui avoit perdu tout ſentiment, & mouvement, qu'on croyoit qui expiroit, une pareille priſe de la poudre jaune luy fit revenir le jugement, & receut tous les Sacremens avant mourir.

Mal de teſte horrible.

5. Un nommé *Aima*, Praticien de cette Ville, attaqué d'une fievre maligne, crachement de ſang, mal de teſte horrible, traité ſuivant le livre, il vomit une bonne fois, & fit par le bas un plein ſceau de vers & de flegmes, & fut le lendemain ſans fievre.

Vers convulſions, enfant.

6. Un de mes neveux, âgé de 5. ans ſeulement, tourmenté de convulſions, & d'accidens furieux. Je luy donnay de la poudre jaune le matin, il vomit beaucoup 2. heures aprés, & ſur le ſoir, il fit 10 gros vers dans ſon lit, ſans autre matiere, & fut gueri le meſme jour.

divers maux.

7. J'ay un frere Curé à une lieuë d'icy ; il a un grand nombre de pauvres gens malades dans ſa Paroiſſe. J'ay donné 12. priſes de la paſte jaune à ſon Vicaire. Il en a diſtribué 11. avec pareil ſuccez que deſſus. Il garde la douziéme pour luy, comme un remede ſouverain.

Fievre, delire.

8. Quoyque le livre deffende de donner de ces remedes au riches, neanmoins jugeant que la maladie de mon beau-frere *l'Archi-preſtre de Cordes*, eſtoit incurable par les remedes ordinaires, car ils n'operoient point ; je l'ay guery par ceux des pauvres. Il eſtoit attaqué d'une fievre putride, avec un furieux delire Pendant 15. jours je luy ay mis 4. onces de la drogue en chaque lavement ; une cuillerée dans chaque boüillon, & dans chaque chopine de tiſanne. Je croy bien que je l'aurois gueri en 2. ou 3. jours comme les pauvres, ſi je luy avois donné d'abord les doſes fortes ſuivant le livre Mais je n'ay oſé à cauſe qu'il a la poitrine foible, ou plûtoſt à cauſe qu'il n'eſtoit pas pauvre.

9. Par meſme regime que deſſus, j'ay guery une femme riche à la Campagne, luy mettant une cuillerée *de la drogue* dans ſes Juillets.

Si vous aviez la bonté, Monſieur, d'obtenir du Roy un pacquet de ces remedes tous les ans, pour chaque Paroiſſe de ce Dioceſe, comme vous avez fait pour la pluſpart de ceux de *S. Pons*, j'inſtruirois les Curez au Synode comme il faudroit les diſtribuer ; cela ſauveroit la vie à des milliers de pauvres gens, la Taille en ſeroit mieux payée, & les fermes des Seigneurs & chacun redoubleroit ſes prieres pour la proſperité du Roy, & la voſtre, &c.

De S. Pons, le 15. Iuin 1678. M. Dor a écrit.

1. J'ay receu les Remedes qu'il vous a plû m'envoyer, pour noſtre Seigneur

Evefque, Il a fait refoudre au Bureau des Pauvres qu'on ne s'en fervira point d'autres fur diverfes Cures extraordinaires qu'il a attefté avoir veu dés l'an 16 2. caufées par les remedes que luy envoya le Secretaire de l'Affemblée charitable de Paris. Une femme les diftribue en noftre Hofpital avec un fuccez merveilleux, que ne fçait ny lire ny écrire. Le Medecin de M. noftre Prelat luy a lû le Livre. *On n'en voit jamais aucun mauvais effet.*

Autres Relations de divers lieux ennoyées à M. Peliffon.

1. *De Lorraine*, l'an 1675. Le Curé de Sainte Marguerite, *lez S. Dié*, luy écrivit que ces Remedes avoient fait ceffer la *Pefte*, *Differterie*, & toutes autres maladies, que les paffages des armées y avoient caufées. Et qu'on avoit recours à ces Remedes de 10. lieües à la ronde.   Pefte. Differteriet

2. Le Curé de *S. Berain*, Diocefe d'Autun, luy a dit, avoir gueri une femme hydropique abandonnée, & mife en Extreme-Unction, qui avoit accouché de 2. enfans, fans s'eftre purgée.   Hydropifier

Il a auffi dit avoir gueri un Veillard defefperé de 60. ans, mourant d'une retention d'urine de 10. jours.   Retention d'urine.

3. Le Curé de *Vigny*, a mandé avoir gueri parfaitement une pauvre femme abandonnée, dont les jambes eftoient couvertes d'une efpece de lepre il y avoit 7. ans.   Efpece de Lepre.

4. Le Curé *de Marly*, a auffi écrit qu'une Dame & luy, avoient guery de vieilles jambes pourries & puantes, d'un bonne homme abandonné il y avoit longttemps par les Chirurgiens, avec les Remedes & l'Onguent divin appliquez comme dit le Livre.   Vieilles ulceres.

5. Le Curé de *Foffe*, dit avoir vû faire de femblables cures au diftributeur de la Confrairie de la Charité de fa Paroiffe, & dit *s'eftre luy-mefme guery d'une vieille maladie languiffante, que les remedes ordinaires n'avoient pû guerir.*   Maladie languiffante.

6. J'obmets pour abreger les relations de tout pleines d'autres cures, faites és Paroiffes de l'Abbaye de Cluny, où le Roy a auffi envoyé de ces remedes pour les Confrairies de la Charité, que M. Peliffon y a fait établir, qui ont pris le Roy pour Fondateur.

DU LANGUEDOC.

Madame de Romens, *belle-fœur de M. Peliffon, luy a mandé l'an* 1676.

1. Le 15. Novembre 1675. j'ay donné *des remedes des pauvres* à la nommée *Blanbuin*, en travail d'enfant, & defefperée il y avoit 3. jours, 5. heures aprés elle accoucha heureufement de 2. enfans, & eft en pleine fanté.   accouchement defefperé.

2. Le 20. dudit mois, la bonne femme *Amens*, accablée d'une groffe fievre continuë, & grand mal de tefte, a efté parfaitement guerie dés la premiere medecine.

3. Le mefme jour un enfant de 3. ans, languiffant il y avoit 5. mois, qui ne pouvoit manger, a efté gueri parfaitement par un feul remede, & mangea tres-bien le lendemain.   enfant de 3. ans.

4. Le 1 Decembre audit an, *M. Imbert* âgé de 60. ans, malade d'une fievre tierce, a efté gueri dés la premiere medecine.

5. Le 2 dudit mois, *Dourdit*, auffi malade d'une fievre tierce inveterée, guery dés la premiere medecine.   fiévre tierce.

6. J'en ay donné à une femme de qualité, qui ne veut pas eftre nommée, accablée de toutes fortes de maux aprés une mauvaife couche; elle ne s'eftoit point purgée, elle fe porte bien.

7. Le 9. Mars 1676. Jacquette *Belau* s'eft trouvée guerie des Ecroüelles qu'elle   Ecroüelles.

avoit au col, aux mains, & aux pieds, par l'Onguent divin, & les purgations. Ie diſtribue les remedes moy-meſme, & viſite les malades, particulierement le jour de la purgation, pour en voir leurs effets Je n'en ay point veu de mauvais.

Du Dioceſe d'Autun, l'an 1677.

1. Le Curé de S. Berain, dont eſt parlé cy-deſſus, a écrit à M. Peliſſon le 9. Fevrier 1677. ce qui ſuit : Je ne vous parleray point des cures ordinaires, &c'

Iean du Breil Laboureur, le 1. Fevrier 1676. a eſté gueri d'une colique nephretique tres-violente, dés la premiere purgation

Colique.

2. Son fils a eſté gueri des Ecroüelles parfaitement.

ecroüelles.

3. Jeanne d'Autun, travaillée du mal caduc, les accez ont diminué de moitié, nous eſperons parfaite guerison.

4. Claudine Lauſinier, le premier Mars 1676. a eſté guerie d'une pleureſie violente, elle eſtoit à l'extremité.

Pleureſie.

5. Philiberte Boulthon, le 5. Mars 1676. hydropique, accouchée de deux enfans, ſans s'éſtre purgée, abandonnée des Medecins, miſe en Extreme-Onction, a eſté guerie.

Hydropiſie.

6. Touſſaine Martin, le 10. Mars 1676. guerie d'une pleureſie dont elle eſtoit à l'extremité.

7. François Colin. le 14. Mars 1676. gueri d'une retention d'urine de huit jours.

Retention d'urine de 12. jours.

8. Benoit Criſin, le 15. Mars 1676. gueri d'une colique violente.

9. Pierre Sachier, le 16. Mars 1676. gueri d'une retention d'urine de douze jours, abandonné & mis en Extreme-Onction, aprés avoir pris tous les remedes ordinaires.

10. Denis Modin, moribond d'une fievre violente, gueri; on commença à le traitter le 27. Mars 1676.

11. Emilande Maveneau, en travail d'enfant il y avoit quatre jours, abandonnée, & miſe en Extreme-Onction, accoucha heureuſement le 27. Mars 1676. aprés avoir pris de nos remedes.

Travail d'enfant.

12. Aymée Lambert, à l'extremité d'un flux hepatique, a eſté guerie le 28. May 1676.

flux hepatique.

13. Deux hommes, & une femme, de la Paroiſſe de Forci, ont eſté gueris ce meſme mois, de vieilles vlceres aux jambes, abandonnez par les Medecins.

Ulceres.

14. Les mois de Juin, Juillet & Aouſt, il ne s'eſt point preſenté de malades.

15. En Septembre, ſix perſonnes de la famille de Iean Robert, ont eſté gueries, qui eſtoient à l'extremité d'un flux de ſang, & fievres pourprées.

Flux de ſang

16. Le meſme mois, le Curé de Charmoy, malade du meſme mal, & abandonné des Medecins, ſe reſolut enfin de prendre de nos remedes, & a gueri, & canoniſe les remedes à preſent.

pourpres.
Flux de ſang.

17. Ledit mois, deux ſerviteurs de la famille de Louis Beiuret, ont eſté gueris de pareil mal, & ledit Beiuret en eſt mort, pour n'avoir oſé prendre de nos remedes, eſtant intimidé par les Medecins.

18. Claude Lauſure, hydropique, parfaitement gueri.

Hydropique.

19. Nicole de Roceure, le 8. Octobre, a eſté guerie d'une fievre pourprée.

20. Ledit mois, le fils de Charles Colon, âgé de ſept ans, a eſté gueri du meſme mal.

21. Ledit mois, Perette des Broſſes, a eſté guerie d'une fievre pourprée.

pourpre.

Le 23. dudit mois, François Moreau, gueri de meſme mal.

pourpre.

23. Le mois de Novembre, Hugues Rieſo, Françoiſe Leonarde, Iean Dei, Claude le Sannio, abandonnez des Medecins, ont eſté gueris de fievres pourprées, & flux de ſang.

flux de ſang

24. Ledit mois, Pierre Couveau, Antoine Colin, Antoinette & Iean Couteſſot, ont eſté gueris de pareil mal.

25. Le mois de Decembre, Pierre Posb, gueri du meſme mal, d'un flux de ſang, & fievre pourprée.

pourpre.

26. Le

26. Le mois de Janvier 1677. *Renée l'Escuyer*, malade d'une fievre pourprée, tombée en delire & en fureur, liée & garottée, qui se vouloit tuer, a esté parfaitement guerie par nos remedes, & un Emplâtre d'Onguent divin sur la teste, en la forme que dit le livre. *(Folie & fu- reuse.)*

27. Ledit mois de Janvier, *Henry Charles*, devenu fou furieux, aprés avoir usé des remedes ordinaires de la Medecine, sans soulagement, a esté parfaitement gueri par les nostres; dés la premiere purgation sa fureur s'appaisa. *(fou furieux.)*

28 Ledit mois, *Iacques du Verger* a esté gueri d'un flux hepatique. *(Flux hepatique.)*

Le 29. Juin 1678 ledit Curé a écrit, demandé des remedes, & dit qu'ils continuoient à faire tous les bons effets dont est parlé cy-dessus, & ajoûte qu'un pauvre travaillé extraordinairement de la pierre, en a rendu une par ces remedes, grosse comme un œuf de poule, qui est tombée dans le *Scrotum*, & de-là s'est fait une ouverture sans incision, par une pointe qu'elle avoit; qu'on a gueri la playe avec l'Onguent divin au sçeu de tous les Medecinss, & de tous ceux du païs, qui regardoient cette cure comme un miracle. La figure de cette pierre est cy-devant. *(pierre.)*

I T A L I E.

1. L'Archevesque de *Tarentaise*, chef du Conseil Souverain des finances du Duc de Savoye, y a establi la distribution des *Remedes des Pauvres*, qui y produisent les mesmes effets que ceux cy-dessus rapportez, comme il se voit par la relation de son Medecin, du premier Aoust 1677. qu'on a envoyée à tous les Prelats de ce Royaume, pour les convier d'en faire autant, & plusieurs ne l'ont pas fait.

A L L E M A G N E

1. La Duchesse *de Hannover* a fait le semblable, par le Conseil du R. P. *Marcel* Capucin, Missionaire Apostolique son Confesseur, elle a establi la distribution de ces remedes dans ses Estats.

C A N A D A.

1. L'Abbé de Fenelon a mandé qu'ils convertissoient par ces remedes un grand nombre de Sauvages, à qui ils donnoient les remedes l'Esté en pilules, pendant le temps de la *troque*, pour les distribuer dans leurs cabanes, à la charge aux gueris d'embrasser la foy, ce que la pluspart faisoient. On ne refuse rien, comme dit saint *Chrysostome*, ainsi qu'il est remarqué cy-dessus, *à qui procure la santé, & delivre des douleurs, pertes & ruines qui causent les maladies.*

2. Ces remedes se reduisent en pilules, seches & insipides, comme enseigne le livre : on peut porter quatre à cinq cens medecines en la pochette, qui ne peseront pas une livre.

3. Les poudres seules, ou pilules, suffisent sans l'infusion; mais prenant l'infusion le lendemain des pilules, on guerit plus promptement, comme dit le livre.

M A R T I N I Q U E.

1. Le R. Pere *Kenor*, Missionaire Jesuite, y fait distribuer de ces remedes avec pareil succez que dessus.

F R A N C E.

1. Les Reverends Peres *Manon*, *Chaurand*, *Ioubard*, & autres Missionaires Jesuites, en font distribuer. Les R. P. *de Launay*, *& Goujon* de l'Oratoire, l'Abbé de la *Vergne*, l'Abbé *Hervé*, *Colot*, & autres, le font aussi, suivant l'usage de la primitive Eglise, & celle qu'observe encore la Flandre Espagnolle.

Q

TURQUIE.

Ambaſſadeurs, Conſuls François, au levant, & ailleurs.

1. La *Reine de Suede*, fait diſtribuer dans ſon Palais à Rome, des remedes à tous les pauvres gens de la Ville, & elle eſt adorée pour cela.

2. Le R. P. *Sevin Capucin*, François de Nation, Miſſionaire Apoſtolique, a diſtribué dans *Alep*, de ces remedes pour les Pauvres. avec un ſuccez merveilleux, les Religieuſes Capucines filles naturelles du Pays, le faiſoient auſſi de ſon temps, il leurs en bailloit; Par ce moyen, il eſtoit appellé des plus-grands Seigneurs en qualité de Medecin, & obtenoit ce qu'il vouloit, en faveur de la Religion, & des pauvres Eſclaves Chreſtiens.

3. Avant luy, le Provincial des Miſſions de ſon Ordre, qui avoit divers Secrets, y exerçoit la Medecine avec tant de ſuccez, qu'il avoit gagné le cœur de tout le monde, en ſorte qu'à ſa mort, 3. Patriarches quoyqu'heretiques ſe trouverent à ſes funerailles, & les principaux des Turcs, avec tout le peuple; & encore aujourd'huy, ce peuple le va invoquer ſur ſon Tombeau.

4. On a dit ailleurs, les grands progrez que font les Miſſionaires, en France, & ailleurs qui diſtribuent des remedes; comme ils ont acquis par-là, dans l'Orient, les Indes, & par-tout, l'amitié du puple, & de leurs ennemis meſme. C'eſt pour cela, que JESUS-CHRIST leurs a ordonné en la perſonne des Apoſtres, comme il a eſté remarqué, *in quamcumque Civitatem intraveritis, curate infirmos*.

5. Si nos Ambaſſadeurs, & nos Conſuls, à l'exemple de la Reine de Suede faiſoient auſſi diſtribuer chez eux de ces remedes Royaux, ils ſeroient adorez comme elle, particulierement dans les Pays chauds, qui ſont ſouvent attaquez de la peſte, & autres maladies populaires, que ces remedes gneriſſent promptement, & immancablement, comme on voit par diverſes cures cy deſſus raportées.

6. Faire ceſſer la Peſte dans une Ville, dans une Province, ſauver la vie, & conſerver la ſanté aux peuples, & aux Magiſtrats, eſt quelque choſe de plus-agreable aux Princes, aux Officiers, & aux Peuples, que des preſens d'or & d'argent; & ainſi faire des preſens de ces remedes dans les Pays chauds, ſi ſubjets à la peſte, c'eſt donner quelque choſe de plus pretieux, que des Diamants, & des Perles d'Orient.

7. Outre cela encore, les Ambaſſadeurs, & les Conſuls, ſe preſerveroient, & leur famille, ceux de leur Nation, & tous ceux qui auroient recours à eux, de toute peſte, & maladies populaires.

8. Ils pourroient meſme faire vendre ces remedes en gros; ils ſe peuvent tanſporter par-tout ſans s'alterer, ils ſont ſolides, inſipides, ſans odeur, & ſe gardent un jamais; 3. à 400. *Medecines*, ne *poiſent pas* 5. *onces*. Il n'y a point de marchandiſe de plus-prompt debit, que celle qui conſerve la vie, & la ſanté. Il n'y en a point, ſur la qu'elle il y ayt à gagner plus, que ſur celle-cy: chaque medecine pour les hommes les acheptant en gros à Paris, ne revient qu'à un *ſou*, & à 2. *liards*, pour les petits animaux, & ne revient pas à un *denier*, pour les oyſeaux. Le tranſport ne coute preſque rien; vous en avez pour 10. Francs 3. à 400. Medecines.

9. Si les Hollandois qui trafiquent par tout le monde, & qui cherchent tous moyens de gagner, connoiſſoient ce remede, ils le repanderoient par toute la terre. Comme ils ſont grands Politiques, ils commenceroient par toutes les Paroiſſes de leurs Eſtats, à qui ils en procureroient un pacquet tous les ans. Ils ſauveroient la vie à des Milliers de pauvres gens, & d'ouvriers, qui periſſent faute de remedes, particulierement à la Campagne, dont les familles ruinées ne peuvent payer les ſubſides, ny les rentes qu'ils doivent aux particuliers; ils procureroient encore de ces remedes, à leurs Armées, & garniſons, & ſur-tout à leurs Vaiſſeaux de long-cours, ſujers à tant de maladies, qui ruinent les équipages, que ces remedes gueriroient & les en preſerveroient meſme, s'ils en uſoient par precaution, comme il eſt dit cy-deſſus.

10. Outre cela encore, les particuliers ſe pouroient enrichir, s'erigeant en Medecins

dans tout le levant & ailleurs, où les Diſciples d'Hypocrate, & de Galien, n'ont pas encore erigé l'art prohibitif de tuer les hommes par les formes. Ils n'auroient qu'à faire marché, comme il a eſté dit pour une ſomme en cas de gueriſon, & rien en cas de non gueriſon, *& faire conſigner la ſomme.* Ils ſont aſſeurez que de 100. malades, ils en gueriront du moins 9 0. Tout le monde aura recours à eux, on ſera perſuadé, qu'ils ſont aſſeurez de la bonté de leurs remedes, puis qu'ils n'en demandent rien, ny pour leurs peines, s'ils ne gueriſent.

ARME'ES.

Le feu *Comte de Fenelon*, Colonel du Regiment de Conti, comme on a auſſi dit, faiſoit diſtribuer de ces remedes par ſon Valet de chambre, & ſauva une année, la moitiée de ſon Regiment qui periſſoit par diverſes maladies, comme il l'écrivit en 1672.

2. En 1677. le ſieur *d'Eſpinay*, Capitaine dans le Regiment de …, en a diſtribué luy-meſme en Flandres avec pareil ſuccez.

BARON DE RENTI.

1. Ce grand ſerviteur de Dieu, mort à Paris l'an 1649. en odeur de ſainteté, portoit toûjours des remedes ſur luy, en diſtribuoit viſitant les pauvres, & tous les jours à l'iſſuë de ſon diſner, dans Paris, & par tout ailleurs où il ſe trouvoit. Il faiſoit dire au Prône des Paroiſſes, qu'il donneroit des remedes *gratuitement*, à telle heure, à tous les pauvre gens.

2. Il aſſeuroit aprés le grand *S. Gregoire* Pape, & tous les *Peres*, que par les remedes & aumônes, on gagnoit plus d'Ames à Dieu, que par tous les Prônes, Sermons, & Exhortations, comme on voyoit par experience, parce que le peuple n'a nulle creance à leurs Eveſques *& Curez*, s'ils ne ſont charitables, *s'ils n'ouvrent la bourſe, s'ils le peuvent, en meſme temps qu'ils ouvrent la bouche*, comme diſoit *S. Chryſoſtome*.

DU DIOCESE D'AUTUN.

Le Curé de Digoin ſur Loire, le 30. Mars 1678. a écrit à Monſieur Peliſſon.

1. Le Roy ſoit benit à jamais, & vous Monſieur, qui avez eu la charité de nous envoyer des remedes de ſa part pour nos pauvres, ils font des effets qui tiennent du miracle; tout de bon je croy que le Ciel s'en meſle.

2. Cette année nous avons eſté attaquez de fievres pourprées, ſi contagieuſes & malignes, que nos voiſins n'oſoient venir au marché. On nous traittoit comme des Peſtiferez, deux de nos Chirurgiens en ſont morts d'abord, 3. bâteliers, & un grand nombre d'autres, quoyque ſecourus de tous les remedes ordinaires. Enfin, on a eu recours *aux remedes du Roy*, que je diſtribué moy-meſme, ſuivant l'uſage long-temps pratiqué dans l'Egliſe: *Ie ſuis exactement le Livre.*

3. Une homme & une femme à l'extremité, droguez à l'ordinaire, à qui le pourpre ne pouvoit ſortir, ont pris de ces Remedes Royaux, & le venin a ſorti le meſme jour, la fievre a ceſſé, & cinq ou ſix jours aprés ont travallé.

4. Un Bâtelier attaqué de meſme mal, eſtant à l'extremité, a eſté gueri par nos remedes. Trois de ſes camarades venoient de mourir de meſme mal, droguez par les medecins.

5. Un pauvre Laboureur, auſſi malade de meſme mal, il y avoit 4 jours, a eſté gueri en 24. heures, & travailla le lendemain.

6. Un grand nombre d'autres, des environs de ce ſieu, ont eſté gueris de meſme mal; j'en donne à tous ceux qui m'en demandent, *gratis date, quod gratis accepiſtis.*

7. L'année passée plusieurs furent attaquez de fievres chaudes, douleurs de teste violentes, & oppressions de poitrine, 4. ou 5. personnes riches moururent d'abord, quoy que secourus de tous les remedes ordinaires, & tous les pauvres ont gueri qui ont eu recours à nous.

8. Un pauvre homme entr'autres, malade à l'extremité, qui n'avoit pour tout bien, que 7. petits enfans, tous nuds, reduit quasi à l'agonie, a esté guery en 24. heures, & 2. jours aprés a travaillé.

9. Un enfant de 13. à 14. ans, hydropique il y avoit 15. ou 16. mois, que les remedes ordinaires n'avoient pû soulager, a esté gueri par les *Remedes Royaux*.

10. Un autre enfant de 7. ans, attaqué de mesme mal, a esté gueri en 3. jours.

11. Un autre de 6. ans, enflé qu'il ne pouvoit marcher, a esté gueri en 8. jours, par 2. cuillerées de l'infusion tous les jours.

12. Une pauvre veuve, aussi hydropique, qui ne pouvoit marcher, a esté guerie pareillement.

13. Une pauvre femme âgée de 70. ans, a esté guerie en 3. jours, d'un cruel flux de sang de 8. jours.

14. Une autre pauvre femme approchant de 80. ans, mise en Extreme-Onction, a esté guerie d'une terrible pleuresie, en 2. jours.

15. Je pourrois raconter icy plus de 120. cures extraordinaires. *De tous ceux à qui j'en ay donné, il n'en est arrivé aucun accident.* Cependant on publioit que ces remedes en tuoient plus qu'ils n'en guerissoient.

16. *J'atteste tout ce que dessus estre veritable, pour avoir moy-mesme distribué les remedes, & visité tous les jours les malades.*

17. Dans tous nos Prônes, & soir & matin, nos Paroissiens, & ceux des Paroisses voisines, prient Dieu particulierement pour le Roy, & pour vous, Monsieur, à cause de ces Remedes ; nous vous supplions tres-humblement de nous continuer les aumosnes de Sa Majesté. Fait le 30. Mars 1678.

Signé T H O U V A N T, *Curé de Digoin sur Loire.*

De l'Abbaye de BENNEVENT, du 28. Iuin 1678.

Cette Abbaye est à M. Pelisson.

1. Les prieres de tous les peuples de ce païs, vous ouvriront les portes du Ciel.

2. Voicy les Cures extraordinaires que j'ay faites depuis six mois, les autres sont en trop grand nombre pour en parler. Le 18. Janvier dernier, *François du Bost*, avoit le visage tout couvert d'une grosse croute de gale, qui rendoit du pus ; il avoit de la peine à ouvrir la bouche, je luy ay donné de ces remedes pour les pauvres, suivant le livre, & il a gueri en 8. jours. Son mal estoit inveteré. Et les Medecins l'avoient abandonné.

3. Ledit jour j'en donnay à *Sabaline*, attaquée de maux de Mere violens, en 3. jours elle a esté guerie.

4. Le 20. dudit mois, j'en ay donné à la fille de *Iean Mayaud*, pour une fievre double-quarte qui diminua d'abord. Une seconde prise l'a guerie.

5. Le 13. Fevrier, j'en ay donné à *Leonard Buxerat*, malade il y avoit deux ans d'un furieux mal de teste si violent, qu'il l'empeschoit de travailler : tous les remedes ordinaires ne l'avoient pû soulager, je luy ay donné de vos Remedes, & l'ay fait coucher 2. nuits à l'Abbaye ; d'abord il a esté soulagé, je luy ay donné une seconde prise qu'il a emportée, & m'est venu dire, avec une joye extréme, qu'il estoit presque gueri, il croyoit son mal incurable, & enfin il a gueri parfaitement.

6. Le 18. Fevrier j'en ay donné *à la femme de Pierre Bernard*, en peine d'enfant, & fort mal il y avoit 24. heures, 2. heures aprés elle accoucha heureusement.

7. J'en ay aussi donné *à la femme de Guerier*, en peine d'enfant il y avoit 2. jours, & extraordinairement mal, & elle a accouché heureusement.

8. Le 5. Avril, *Meillassan* envoya un exprés m'en demander pour sa femme âgée de 60. ans, qu'on croyoit à l'agonie, malade d'une suffocation, en 2. jours elle a esté guerie.

Le 9.

Le 9. May , j'en ay envoyé à une femme du Village de *Mentinert* , enflée depuis 3. mois, aprés une mauvaise couche, on la croit hors de danger par une seule prise. **Hydropisie.**

10. Le 14. May je commençay à traiter un Garçon *du Puis* , qui avoit le menton & les joües toutes couvertes d'une grosse & vilaine gale croutée, qui l'empeschoit d'ouvrir la bouche ; en 3. semaines il a esté gueri. **Gale horrible.**

11. Le 9. May j'en ay donné à la femme de *Bernard* , tres-malade en peine d'Enfant , le lendemain je luy en donnay encore , & a accouché heureusement. **Travail d'enfant.**

12. Le 18 j'en ay donné au *Thuillier* de l'Abbaye , & à sa fille qui n'avoit que 2. ans, malades de fievres tierces & doubles tierces , 2. jours aprés , ils ont esté gueris, **Fievres.**

13. Le 12. J'en donnay à la femme de *Catriand* , fort malade , en peine d'enfant, & 2. heures aprés elle a accouché heureusement. **Travail d'enfant.**

14. Le 28. J'en ay aussi donné à la femme de *Boisin* , fort malade à son ordinaire en ses accouchemens , & s'est delivrée heureusement, & sans peine , le mesme jour. **Mal d'enfant.**

15. Le 2. Juin , j'en donnay aussi à la femme de *Philippe* , fort tourmentée , & 2. heures aprés , elle accoucha heureusement. **idem.**

DE RENNES.

Monsieur le Duc de Chaune Gouverneur de Bretagne , & le R. P. Chaurand Missionnaire Iesuite, à qui le Roy envoye de ces remedes, pour les Hospitaux generaux qu'ils établissent , ont écrit du 14. Iuillet 1678.

1. Dés que nous avons reçeu les Remedes , on en a donné à 12. pauvres qui estoient malades dans l'Hospital general de Rennes, qui ont gueri en 2. jours. Ils font les mesmes effets dans les autres Hospitaux. Les *Sœurs grises* en distribuent dés 1670. avec avec pareil succez. **Hospital general.**

2. On mande de pareils effets de divers Hospitaux , comme on voit cy-dessus , & qu'on verra cy-aprés. **Hospitaux.**

3. *Les Evesques, Curez, Missionnaires, Gouverneurs, Hospitaux, & autres, n'ont qu'à en demander au Roy,* comme il a esté dit, *& s'addresser à M. Pelisson pour cela.*

4. Si tous les Abbez en faisoient distribuer dans leurs Abbayes , comme fait M. Pellisson ; tous les Evesques dans leur Dioceses, tous les grands Seigneurs dans leurs terres, comme M. *le Duc de Montausier,* M. *le Duc de S. Agnan fils,* M. *le Mareschal de Bellefonds,* & autres cy-dessus nommez dans la liste ; que de benedictions ils recevroient , & à combien de milliers de pauvres gens , ils sauveroient la vie , & seroient *mieux payez de leurs revenus ?* les maladies, & la mort des bestiaux, ruinent beaucoup de Fermiers , & païsans, qui ne peuvent payer , ny leur fermes, ny la Taille.

La Peste des animaux , a fait cette année un grand ravage en diverses Provinces. M. *Labour , entr'autres , Chanoine à Montbrison, a gueri tous ceux à qui il a donné de ces remedes, les ordinaires ne les guerissoient pas.*

DIVERS AUTRES REMEDES.

Qui se vendent à Paris pour les pauvres.

1. Il s'y vend certains sachets 6. sous, qui garantissent les pauvres des poux. *Le Seigneur Duc de Boüillon , a obtenu du Roy le don pour la composition prohibitique verifié en Parlement, le* 13. *Septembre 1677. pour empécher qu'on ne les contrefasse. Aprés l'exemple charitable de ce Prince , il est glorieux de procurer des remedes aux pauvres.*

2. Le sieur *Rabel* en vend , rue de l'Arbre sec , chez un Epicier.

3. L'Abbé *Aubry* , derriere les Jardins des Carmes Déchaussez.

4. M. *S. Marc* , Prestre , derriere L'Estrapade.

5. Un Patissier à la Porte de Paris , vend des Macarons purgatifs , dont la prise ne couste que 5. sous.

6. Les remedes recommandez , par l'Assemblée generale du Clergé, la prise ne revient qu'à un sou comme il a esté dit. Ils se vendent chez M. *Neveu Menuisier* , rue

des Fosſoyeurs proche S. Sulpice, depuis une heure aprés midy juſques à deux.

7. Et ce livre ſe vend auſſi, avec leſdits remedes ſur le Quay des Auguſtins, au bon Paſteur, Libraire.

8. On contrefait tous ces remedes, pour en avoir en aſſurance, on pourra s'adreſſer au Secretaire de l'Aſſemblée charitable, chez M. le Curé de S. Sulpice, & luy envoyer l'argent par la Poſte ou autre voye, luy marquer la demeure des Coches, Meſſagers, ou autre voiture, par où envoyer ce qu'on demandera, & marquer auſſi le jour de leur depart.

On pourra pareillement adreſſer ſon argent au bon Paſteur, & on leurs envoyera avec fidelité ce qu'ils demenderont, & s'ils ne font les effets dont eſt parlé cy-deſſus, ſi de 100. à qui on en aura donné, il n'en guerit 90. du moins en 3. ou 4. iours, qu'on renvoye ce qui reſtera des remedes, on rendra l'argent aux gens connus ſur leur parole, & aux inconnus ſur le certificat de leurs Curez: Mais on les prie d'en uſer de bonne foy, Car on les connoiſtra, en les rompant, & les comparant aux veritab'es; perſonne n'en a encore raporté.

A MONSIEUR
Le Marquis de Sourches Grand Prevoſt de l'Hoſtel, & grand Prevoſt de France.

DOM PIERRE LOUIS DE VERNAN, Sous Prieur de l'Abbaye de *Tronant*, dont le fils dudit Seigneur eſt titulaire luy a écrit l'année 1680. Noſtre pauvre peuple accablé de maladies, & de miſeres, vous donne mille & mille benedictions qui vous ouvriront les portes du Ciel, pour ces remedes divins, que vous nous envoyez; il en mouroit des milliers ſans ſecours, ils ne peuvent payer la Taille, ils ont peine à avoir du pain, bien loin de pouvoir payer une medecine. Continuez s'il vous plaiſt, Monſieur, voſtre aumoſne, les derniers remedes ſeront bien-toſt conſommez. Pour une vingtaine d'écus par an, comme vous avez commencé, à la mort voſtre recompenſe ſera eternelle.

Qu'elle charité, ſi vous porriez le Roy, à procurer un pacquet de ces remedes tous les ans, à chaque hoſpital & Paroiſſe ? la Taille ſeroit mieux payée, & les rentes des Seigneurs, pluſieurs ne le peuvent qui ſont ruinez par les maladies.

Pour cela, il n'y auroit qu'à lever avec la Taille 2. liards, ou un ſou, par chaque contribuable; on le payroit volontiers; car il n'y a point de famille, ou quelqu'un ne tombe malade tous les ans, *ou quelque animal*, qu'on voudroit guerir pour quelque ſou.

Je diſtribuë les remedes moy-meſme; je ſuis le livre, & les billets imprimez de M. le Mareſchal de Belle-fonds; je reuſſis, comme les hoſpitaux de cette Province, à qui M. le Duc de Montauſier noſtre Gouverneur en procure de la part du Roy.

Je viſite les malades, qui ne ſont pas trop éloignez; Il en vient de 10. & 12. lieuës loin. Je n'en ay point veu de mauvais effets, quoy que diſent au contraire, quelques ques Medecins.

AUTRES CURES

Surprenantes, faites és années 1678. 79. 80. 81. & 1682. Avec l'atteſtation de ceux, qui en diſtribuënt il y a 10. 12. & 13. années, de n'en avoir jamais veu aucun mauvais effet.

On va voir des Verollez *gueris, des Gouteux inveterez, des gens mordus par des Serpens, dont l'un avoit la cuiſſe enflée, groſſe comme un homme par le corps. Vn Pourceau enragé, gueri, qu'on a engraiſſé enſuite, & qu'on a mangé, &c.*

L'Hoſtel-Dieu de Paris.

1. La Mere du ſaint Nom, Religieuſe dans l'Hoſtel-Dieu de Paris, aſſure par ſon

certificat du 31. Juillet 1682. avoir veu les feus Meres de S. *Benoist*, & de S. *Elisabet* distribuer des remedes des pauvres, qu'on leur donnoit de la part du Roy, par ordre de M. Pelliſſon Maiſtre des Requeſtes, & Abbé, & que ces remedes gueriſſoient grand nombre de maladies qui avoient reſiſté aux remedes ordinaires, & n'en avoir veu aucun mauvais effet.

2. Le Curé de l'Abbaye de Chaumes en Brie, a auſſi atteſté par ſon certificat du 15. Septembre 1681. qu'il diſtribuë de ces remedes avec un ſuccez merveilleux, depuis l'an 1669. que le feu *Seigneur de Gondrein*, Archeveſque de Sens, Abbé de ladite Abbaye luy donna, & n'en avoir veu aucun mauvais effet. *(Curé de Chaumes diſtribué ces remedes il y a treize ans)*

3. Monſieur Gautier Preſtre, Directeur de l'Hoſpital du Duché de Luynes, qui eſt auſſi un ſaint homme, a atteſté par ſon certificat du 14. Fevrier 1681. qu'il diſtribuë de ces remedes il y a 9. a 10. ans, avec tres-grand ſuccez, & n'en avoir veu aucun mauvais accident, au contraire des cures admirables de toutes maladies; Ses relations precedentes inſerées au Chap. 2. du livre font mention de divers écroüelez-meſme, qui ont eſté gueris, & des malades du mal caduc. *(Hospital du Duché de Luynes.)*

4. Monſieur de la Rebrouſiere Conſeiller du Roy au Preſidial de Rennes, Directeur de l'Hoſpital General du lieu, & les Sœurs griſes, filles de la Charité, atteſtent par leur certificat du 7. Fevrier 1681. y avoir diſtribué ces remedes des pauvres dés l'an 1670. avec tres-grande benediction, ſans aucun mauvais effet, & que les derniers leurs ont eſté procurez, par le Seigneur Duc de Chaune Gouverneur de la Province, & le Seigneur leur Eveſque. *(Hospital de Rennes & sœurs grises.)*

5. Le feu Seigneur Eveſque de Treguyer M. *Grangier* d'éternelle memoire, par ſon Mandement du 27. Octobre 1678. exhorta tous ſes Curez d'établir la diſtribution de ces remedes dans leur Paroiſſes, ſur les bons effets qu'il aſſeuroit en avoir veu dés l'an 1669. ce qu'ayant auſſi dit, à l'Aſſemblée Generale du Clergé de 1670. où il eſtoit Depuré, ladite Aſſemblée exhorta tous les Prelats d'en établir la diſtribution dans leur Paroiſſes; & pour en avoir promptement, ledit feu Seigneur Eveſque qui eſtoit un tres-ſaint homme, & tres-charitable, ordonna à ſes Curez d'envoyer tous les ans à ſon Secretaire 15. liv. des deniers de la Fabrique, & qu'il leurs feroit venir un pacquet de ces remedes de Paris, qu'on diſtriburoit enſuite gratuitement dans les Paroiſſes; & qu'il paſſeroit aux Fabriques cette ſomme en compte. *(Treguyer Evesque.)*

6. Le Seigneur Premier Preſident, du Parlement de Bearn comme on a remarqué, par ſa lettre du 10. Mars 1682. a dit qu'il fait diſtribuer de ces remedes dans tous ſes hoſpitaux malgré les Medecins; qu'on en donne à tous ceux qui y ont recours du dedans, & du dehors deſdits Hoſpitaux, & que cela diminuë le nombre des pauvres, & des malades, & la dépence des Hoſpitaux & des Confreries de la Charité de plus d'un tiers. *(Bearn, Premier Preſident.)*

7 Il y a pluſieurs autres atteſtations contenant ce que deſſus en ſubſtance rapportées cy-deſſus de divers Medecins meſme, & Pharmaciens, aprés en avoir eſté guéris, y ayant eu recours à l'extremité. La verité triomphe enfin.

8. Le Curé de *Doncheri*, qui eſt auſſi tres-charitable, a certifié par ſa relation du 5. Juin 1682. avoir gueri pluſieurs maladies extraordinaires, un enfant entr'autres, malade de la pierre *& une languiſſante, qui n'avoit ſorti de ſa maiſon, il y avoit 30. ans*, qui vint le remercier d'une lieuë loin; qu'il la guerie en 2. mois, par 15. Medecines, ſuivant le livre, & l'enfant en 15 jours par trois medecines. *(Duché Mazarini, languiſante de trente ans, guerie.)*

9. Le Curé de S. Iean le Moutier en *Bourgogne* par ſa lettre du 21. Juillet a dit avoir gueri entr'autres malades, un pauvre homme, qui ſe mouroit d'une colique enragée, qui luy faiſoit crier & hurler, comme un des-eſperé, qui luy faiſoit ſortir les yeux de la teſte, & que toutes ſes douleurs ceſſerent dés que le remede des pauvres opera, Tous les remedes ordinaires ne l'avoient peu ſoulager. *(Colique enragée.)*

10. Le meſme Curé aſſeure avoir gueri par une medecine, & une Emplaſtre d'Onguent divin, un Berger picqué par un Serpent, dont la cuiſſe eſtoit devenuë enflée de la groſſeur d'un homme par le corps. *(Morſures de ſerpens.)*

11. Il a dit auſſi en avoir gueri un autre, par le meſme remede qui avoit eſté picqué par un Serpent, & l'avoir empeſché d'enfler, parce qu'il vint à luy le meſme jour qu'il fut picqué. *(peſte des animaux.)*

12. Le Curé de Mont-Luçon en *Bourbonnois*, certifie par ſa lettre du 8. Juillet 1682. que ces remedes ont guery les animaux, à qui on en a donné, de la peſte qui en a tué *(Oyſeaux gueris.)*

cette année une infinité en diverses Provinces. *M. Labour* Chanoine au mesmo lieu la aussi certifié

Oyseaux gueris.

13. Monsieur *Roussard* Prestre *à Laval* qui est aussi un tres-saint homme, & tres-simple, a mandé par sa lettre du 12. Septembre 1681. avoir gueri par ces remedes son *Chat*, & son *Chardonnet* qui se mouroient. Son Chardonnet avoit la teste fort enflée, & un œil qui luy sortoit à demy-mort ; il luy ouvrit le bec, & luy fit avaler une demy cuil'erée de la drogue, & luy frota l'œil de l'eau pour les yeux ; qu'il se purgea comme les hommes, & guerit, & son chat aussi.

Poules gueries

14. La Dame Neveu femme d'un Munusier à Paris, proche S. Sulpice, rüé des Fossoyeurs guerit ses poules quand elles sont malades, leurs ouvrant le bec & leurs faisant avaler 2. ou 3. cuillerées de la drogue, ou 6. *grains* de la pare jaune, incorporez avec du pain trempé dans de l'eau, & qu'une entr'autres, rendit une matiere puante par le bas, le bec, & les yeux.

Par mesme moyen on guerira toute sorte d'oyseaux de leurs maladies, & on les en preservera les purgeant par precaution au mois de May, comme dit le livre.

Scorbut, Bourges, Medecins.

15. *M. Faüre* Medecin de l'Hospital General de Bourges, a dit par sa lettre du 8. Aoust 1681. que les pauvres y sont fort travaillez du *Scorbut*, & qu'il ne trouve point de remede specifique, que celuy des pauvres, & en a demandé au Roy.

folie furieuse.

16. M *Penon, Advocat du Roy à Carantan*, a gueri une femme folle furieuse liée & garottée, par une seule medecine, comme il se voit par le certificat des parens de ladite folle du 13. Octobre 1679. Il y a plusieurs guerisons pareilles raportées au Chap. 2. du livre.

Coliques de poitou,

17. Le feu Curé de *Thalmont*, & celuy de *Longeville* l'an 1681. écrivirent que le tiers des habitans du lieu estoient etrangement tourmentez, par ces coliques de Poitou, & que tous ceux qui prenoient de ces remedes en guerissoient. Ce mal est universel par tout le Poitou, & la gravelle en Aniou, que ce mesme remede guerit.

Bernay Sœurs grises.

18. Les *Sœurs grises de Bernay* par leur relation du 18. Aoust 1681. parlent d'un grand nombre de cures ordinaires, & extraordinaires, & assurent n'en avoir veu aucun mauvais effet.

Semy-lepreux,

19. *M. de Serran, Curé de l'Isle de Ruys en Bretagne*, homme de qualité & charitable, qui a establi un Hospital general à ses frais dans sa Paroisse, a assuré que *Guillaume Richard* estoit couvert d'une espece de lepre tres-hydeuse depuis la teste jusques aux pieds, & qu'il le guerit parfaitement en 15. jours, par 5. Medecines suivant le livre. Le R. P. Chaurand Missionaire Jesuite, ce grand Fondateur d'Hospitaux generaux, a aussi certifié que cette cure estoit veritable par sa lettre du 26. Avril 1681.

NOTA, que ce lepreux auroit gueri plutost, si on l'avoit envelopé dans un linceul trempé dans de la drogue tiede ; toute gale, dartre, eresipele se gueriront aussi de la sorte, & les Traigneux, aprés avoir esté purgez.

Taigneux.

20. M. de Landoüillette, *Docteur en Medecine demeurant au Mans*, dit par ses lettres des 2. & 21. Juin 1681. avoir gueri un Taigneux en 3. semaines, par 2. medecines par semaine suivant le livre, & des linges appliquez sur la teste trempez dans l'eau pour les yeux.

Petite verolle maligne.

21. Ledit Sieur Medecin, dit aussi, avoir gueri un grand nombre d'enfans de pauvres gens malades de la petite verolle, 5. ou 6. entr'autres, malades il y avoit 8. jours, à qui ladite verolle ne pouvoit sortir, & qu'elle estoit sortie le jour de la premiere medecine.

NOTA, qu'on ne sera point marqué, comme dit le livre, si on applique sur le visage, des linges mouillez dans la drogue, ou dans l'eau pour les yeux.

Grand mal aux yeux.

22. *Item* Ledit Sieur Medecin, dit avoir esté attaqué d'un grand mal aux yeux, à ne pouvoir souffrir la lumiere ; que toutes les saignées, & les autres remedes ordinaires ne l'avoient point soulagé, & qu'une seule medecine de ces remedes des pauvres l'avoit gueri parfaitement en un jour.

Fontenoy Hospital.

l'Infirmiere de l'Hospital de Fontenoy dans la Franche Comté, par la relation qu'elle a aussi envoyée à M. Pellisson M. des Requestes, le mois de Mars 1681. fait mention des cures extraordinaires, qui suivent : ladite relation est attestée veritable par le sieur Procureur Fiscal du lieu, qui est fort charitable.

Grosse verolle.

1. Elle dit avoir gueri un verolé ulceré, en 2. mois, par 20. medecines, sans l'avoir fait suer, ny luy avoir donné à manger que la nouriture ordinaire de l'Hospital.

2. Elle

2. Elle dit aussi avoir gueri des fous, des malades du mal Caduc, & toutes autres maladies. *Fous. Mal caduc.*

3. Elle dit encore, avoir gueri un Pourceau de la rage, l'avoir engraissé ensuite, & l'avoir fait manger dans l'Hospital. Qu'un Chien enragé avoit mordu 3 Pourceaux dudit Hospital, que 2 estoient déja morts enragez, que le troisiéme qu'elle guerit ne mangeoit plus il y avoit 2. jours ; qu'elle s'avisa avoir leu dans le livre, que le *Rage.* remede des pauvres guerissoit aussi la rage, qu'elle luy en donna une Medecine, & fit couler de l'Onguent divin fondu dans la playe causée par la morsure, & que le Pourceau mangea le mesme jour, & a esté, comme dit est, engraissé, & mangé ensuite. *Plusieurs n'auroient pas esté assez friands pour y tater.*

NOTA, On garantira les animaux sujets à la rage, si en les purge, au mois de May avec ces remedes pour les pauvres: On garantira aussi les Chevaux de toutes maladies si on les purge pareillement, comme dit le livre, on y voit les cures entr'autres, faites par ces remedes, sur les Chevaux du Seigneur Mareschal de Bellefonds, du feu Seigneur de Rosmadec Archevesque de Tours, & autres ; On guerira aussi par les mesmes remedes toutes les maladies des Brebis, Cheures, &c. Et on les en garantira les purgeant comme dessus, au mois de May comme le livre le dit au long. On voyra le mesme effet sur les bestes Bovines, Asines, &c. comme on le dira cy-après par le detail.

4. M. de Pontas —— *Vicaire de sainte Geneviefve des Ardans à Paris*, a esté gueri sur la fin de Janvier 1682 d'une dissenterie de 83. jours, par ces remedes Royaux pour les pauvres qui avoit resisté à tous les remedes ordinaires. *Dissenterie de 83. jours.*

5. Ledit sieur Vicaire a dit, avoir gueri une femme languissante par les mesmes remedes, qu'on n'en tendoit point parler, qui ne faisoit que balbutier, il y avoit plus de 3. mois, & à qui les remedes ordinaires n'apportoient aucun soulagement. *parole perduë, il y avoit 3. mois. Insectes vomis.*

6. Madame du Parc, dans une terre qu'elle a en Normandie, dit avoir gueri une fille, qu'on croyoit ensorcelée, qui jettoit des insectes par la bouche, crapeaux, coleuvres, &c. & que les jours de 3. Medecines, elle en jeta des seaux.

7. M. Michau, Chanoine à S. Aignan d'Orleans, a asseuré par sa relation du 28. Septembre 1682. qui distribué de ces remedes, que beaucoup de malades, ont rendu après en avoir pris, des especes du fourmis, & moncherons. *Fourmis. Moucherons.*

8. M. de la Fonds, Commissaire de la Marine à Marseille, écrivit en 1678. que plusieurs de nostre Armée en Sicile moururent quasi subitement, pour avoir beu des eaux, d'une Riviere proche de leur campement ; que ceux qui prirent de ces remedes *Crapeaux vomis.* pour les pauvres, que quelques-uns y avoient portez, se sauverent tous, & rendirent des crapeaux par la bouche, que cela donna lieu d'ouvrir beaucoup de corps morts, à qui on trouva de petits crapeaux dans l'estomac.

GOUTTE INVETERE'E, ET VIOLENTE GUERIE.

1. Le Curé de S. Poix, proche la Ville de Gisors en Normandie Diocese de Rouen a écrit le 16. Aoust dernier, qu'il y avoit 11. ans, qu'il estoit si fort tourmenté de la goutte, qu'il ne pouvoit porter la main à la bouche qu'avec douleur ; qu'il avoit bien de la peine d'aller de son Presbitere à l'Eglise, qui n'en est qu'à 100. pas, quoy qu'appuyé par son valet, & sa servante ; qu'il estoit si foible, qu'il avoit de la peine, à se tenir de bout pendant qu'il disoit la Messe : & qu'il avoit pris toute sorte de remedes, sans avoir esté soulagé, pendant ces douze années.

2. Mais qu'enfin, ayant oüy paler de ces remedes pour les pauvres, qu'un de ses Confreres distribuoit, il en a pris les doses portées par le livre, & qu'il a gueri parfaitement.

3. En sorte qu'il y a 8. mois, qu'il joüit d'une santé parfaite ; qu'il se sent fort & vigoureux, comme à l'âge de 40. ans, qu'il n'a plus besoin de cheval, qu'il visite ses Paroissiens malades, & les Curez ses Confreres éloignez de luy de 2. & 3. lieux, & y va à pied sans se lasser. Il conclut par demander à M. Pellisson, de ces remedes qu'il donne de la part du Roy ; il dit que ses Paroissiens sont tres-pauvres, & accablez de

S

maladies, & qu'il eſt dans l'impuiſſance de les ſecourir que de ſes larmes, parce qu'il eſt auſſi tres-pauvre, & reduit à la portion pretenduë congruë.

RUMATISME,

Enraciné, & tres-douloureux.

1. Cette année 1682. *l'Abbbé du Four* Chanoine à Noſtre-Dame de Paris, a eſté gueri de ce mal, par les remedes des pauvres; il y avoit 3. ans qu'il en eſtoit tourmenté, il ne ſe remuoit point ſans ſentir de la douleur, ſur-tout à la teſte, & au col, aux jambes, & aux pieds.

2. Il a auſſi aſſeuré, avoir gueri par ces remedes qu'il fait diſtribuer dans ſon Abbaye, un Curé qui en eſt proche, qui ne marchoit qu'avec des bequilles, il y avoit 3. ans; & que le lendemain de ſa Medecine, il porra leſſaint Sacrement à la Proceſſion de la Feſte-Dieu, ce que ſes Paroiſſiens prirent pour un miracle.

3. Il a auſſi dit, que ſon Pere qui eſt un grand riche, & vieux gouteux, perſuadé par ſa gueriſon, avoit pris de ces remedes des pauvres malgré les medecins, & que le lendemain il s'eſtoit levé du lit & de ſa chaire où il eſtoit attaché, il y avoit 3. mois, & s'eſtoit proumené 3. heures, dans les allées de ſon bois.

VAPEUR TRES-MALIGNE.

Cette année 1682. M. du *Peret*, Gentil-homme Provençal, demeurant chez le ſieur *Canteu* celebre Chirurgien à Paris, a eſté attaqué d'une vapeur ſi maligne au cerveau, qu'on le croyoit mort, ou du moins s'il en rechappoit qu'il demeureroit paralitique, & il a eſté gueri parfaitement en 3. jours, par le remede des pauvres; dés la premiere priſe, l'uſage des ſens luy revint, & de l'eſprit.

PETITE VEROLE. NERF RACOURCY.

Cette année encore 1682. on a écrit de l'Hoſpital de *Fontenoy* en la Franche Comté, qu'un enfant eſtropié d'un nerf racourcy d'une jambe, aprés la petite verole, avoir eſté parfaitement gueri, par 3. purgations des remedes des pauvres, & 3. amplaſtres d'Onguent divin aprés que l'enfant avoit eſté abandonné par les Medecins, & Chirurgiens.

UN VER DE 9. PIEDS DE LONG.

Le ſieur *Hüé*, cy-devant Infirmier en l'Hoſpital Royal de Marſeille, pour les Galeres, Soldats, & Matelots, a fait voir à M. Pelliſſon Maiſtre des Requeſtes, qui donne les remedes des pauvres, de la part du Roy, *Vn ver de 9. pieds de long*, qu'un malade moribond dans cet Hoſpital avoit rendu par ces remedes, & s'eſtoit trouvé gueri en meſme temps, que les remedes ordinaires n'avoient peu ſoulager.

CHAPITRE III.

Remedes en quoy ils conſiſtent, leur uſage, & ce que c'eſt que la drogue.

1. Il y a trois paſtes, comme il a eſté dit, ſolides, inſipides, & ſans odeur, chacune peſant une once & demie.

2. L'une est noire par dessus, & par dedans, l'autre est blanche par dessus, & grisâtre par dedans, l'autre est jaune.

3. On fait tremper la noire vingt-quatre heures dans un demy-stier de vin, ou de cidre, qu'on appelle demie chôpine dans les Provinces, qui pese *huit onces*. Le vin trempé s'appelle, *drogue*, & se garde un an dans sa force. Il faut la faire tremper enveloppée dans un linge. L'hyver il la faut faire infuser en lieu chaud, ou du moins tiede.

4. La blanche purge d'ordinaire par le bas, s'il arrive qu'elle fasse vomir c'est que le malade y est disposé, comme il y en a qui vomissent d'une medecine de Sené, Mane, &c.

5. La jaune, se donne aux maladies aiguës, & à ceux qui ne peuvent ou ne veulent boire du vin, comme les *Turcs*, à qui leur religion le defend. Ces deux pastes jaunes & blanches se pulverisent, on en fait des pilules. Ou bien on les donne en poudre avec la moüelle d'une pomme, ou autre fruit, ou incorporé avec un morceau de pain, trempé dans de l'eau ou de la soupe. Il ne faut point prendre ces poudres avec eau, vin, ny bouillon; parce qu'elles demeurent au fond.

6. On dira cy-aprés, quelles doses on doit donner pour chaque maladie.

La façon de prendre les remedes pour guerir promptement.

1. IL n'y a qu'à faire le contenu aux billets que *M. le Mareschal de Bellefonds* fait donner aux malades page **47** & suivre la pratique des Medecins illustres dont est parlé cy-dessus, & ce qui sera dit cy-aprés, touchant la nature de chaque maladie, avec une foy aveugle. Toute raison pretendue contraire doit ceder à l'experience, de tant de cures extraordinaires attestées cy-dessus par tant de Prelats, grands-Seigneurs, & Medecins. Pour sçavoir la verité, il n'y a qu'à leur escrire.

ARTICLE I.

Qu'on ne doit point donner de ces remedes aux riches, & pourquoy.

1. QU'on ne donne jamais de ces remedes au riche (*le pauvre en guerit, & le riche creve*) raillerie à part, le riche est tendre, delicat, aime la vie, craint l'effet des remedes inconnu, l'imagination contribuë à la guerison, *il doit mourir par les formes*.

Pour le pauvre, il est abandonné, sur tout à la campagne, il a confiance au premier qui parle de le soulager, il prend avec joye tout ce qu'on luy donne, il n'a pas le loisir d'estre long-temps malade, il faut gagner du pain à la famille, c'est pourquoy on doit souffrir qu'on le guerisse promptement.

2. Si le riche venoit à mourir aprés avoir pris de nos remedes, vous aurez sa famille sur les bras, s'il guerit, vous aurez les Medecins de crainte que la pratique ne diminuë.

3. Si on en donne au riche, on abandonnera le pauvre, on n'aura pas assez de temps pour fournir à tout, on ira au riche par preference: les placets ont esté introduits au Palais, pour donner audience au pauvre: Croyant bien faire, on s'est relâché d'en donner au riche, & le pauvre n'en peut plus avoir qu'avec bien de la peine, & ainsi *Anatheme* à qui donnera au riche des remedes des pauvres, si ce n'est du moins par l'avis du Medecin, qui reglera le jour, l'heure, & la dose.

Messieurs les Medecins ont employé leur jeunesse à apprendre leur profession il ne faut pas leur faire tort en soulageant le pauvre la charité y seroit blessée.

Mais pour les pauvres abandonnez, on prie aussi ces Messieurs, de trouver bon, qu'on les assiste, *ou bien qu'ils le fassent gratuitement*. Ils sçavent quelque grande que puisse estre leur charité, qu'ils n'ont ny assez de temps, ny assez de bien, pour donner des remedes gratuitement à tous les pauvres du Royaume, principalement à ceux de la Campagne, dont il en meurt des milliers faute de secours. Qu'ils laissent donc faire ceux qui les veulent soulager, ou bien qu'ils distribuent gratuitement des remedes ordinaires dans toutes le Villes, ou de ces remedes Royaux, à tous les pauvres gens desdites Villes & de la Campagne, comme ils y ont exortez par M. *du Bé* leur Confrere, illustre & charitable Medecin; & s'ils y manquent ils egorgeront comme il a esté dit des millions de pauvres, dont le sang criera vengeance, au jour terrible de leur mort.

ARTICLE II.

Ce que le distributeur doit observer pour guerir promptement.

1. ON ne donnera aussi jamais de ces remedes des pauvres à ceux qui vivent en communauté, quoy que pauvres par vœu, ils sont riches d'esprit. *Ils raisonnent, il faut la foy aveugle du charbonnier.*

2. Pour le regard des pauvres, que le distributeur soit hardy, & charitable: dés le premier jour, s'il suit exactement ce memoire, il verra des miracles, & jamais de mauvais effets, l'experience est pour nous.

3. Qu'il sçache qu'aux pays froids & humides, marescageux, & où l'air est fort ou rude, qu'on a trouvé par experience, qu'il faut augmenter les doses, & aux maladies violentes, aiguës ou opinatres qu'il faut donner medecine sur medecine, jusqu'à ce que cela opere & par le haut & par le bas, & sur tout par le bas, & en mesme temps les douleurs violentes cesseront.

4. Qu'on ne craigne jamais d'en donner trop, l'estomac rejette ce qu'il a de trop, on l'a veu par l'experience de plusieurs enfans, à qui des meres imprudentes ont baillé ce qu'on avoit destiné pour les peres.

5. Que le distributeur observe exactement l'ordre prescrit par ce memoire; quand il sera proche de ses malades, & qu'il pourra les visiter le jour du remede, qu'il le fasse, ils gueriront beaucoup plûtost & plus seurement: Quand il sera éloigné, comme le païsan est grossier, & sans memoire, qu'on l'instruise de la façon dont il faudra qu'il prenne les remedes, & qu'on le luy fasse repeter jusques à ce qu'il l'ait bien conceu, s'il sçait lire, ou quelqu'un de son Village, qu'on luy baille un des memoires de *M. le Mareschal de Bellefons,* Mais si le distributeur, comme on a dit, est proche de ses malades, qu'il les voye, & qu'il observe exactement le reste du contenu en ce memoire: *Il ressuscitera les morts.* Quand bien les malades prendroient les remedes contre tout ordre ils gueriront, mais non pas si tost, comme porte les relations du Chirurgien proche *de Dieppe,* rapportées cy-dessus, page 45.

6. Que le distributeur soit asseuré que ces remedes ne produiront jamais aucun mauvais effet, ceux mesme qui ne gueriront pas, auront soulagement avant mourir, au corps & à l'esprit, comme on voit par les experiences cy-dessus cottées.

7. Cependant le Sage distributeur, qui commence la distribution dans un païs où là bonté du remede n'est pas encore connuë, n'en baillera pas à ceux qui seront à l'extremité, sur tout s'ils sont extenuez d'une longue maladie; si la mort survenoit on l'attribuëroit au remede, cela le décrieroit, & empescheroit le pauvre d'en prendre; ce n'est pas de mesme des remedes connus, *on ne s'estonne pas de voir crever par les formes les avaleurs de Sené, & de Rubarbe: Et les meurtriers sont encore bien fondez de demander payement aprés l'occision.*

8. Que le distributeur ait une heure assignée tous les jours pour distribuer ses remedes, le reste du jour sera libre pour luy, les malades prendront sa commodité: quand il ne pourra voir ses malades, qu'il leur dise, ou à quelqu'un de leur part, de venir le lendemain de la medecine luy dire l'effet du remede, pour leur dire ce qu'il faudra faire pour achever leur guerison, ou empescher leur recheute.

9. Qu'il interroge exactement à quelle heure on aura pris la medecine, l'ordre des diverses prises, à quelle heure l'operation aura commencé, à quelle heure achevée, combien de fois purgé par le haut, combien par le bas; si la purgation aura esté copieuse,

pieuse, si les matieres renduës par le haut estoient ameres, de quelle couleur, & en quelle quantité; & celles par le bas, de quelle couleur aussi, en quelle quantité, & si en sortant elles estoient cuisantes, ou non. Par ce moyen le distributeur deviendra habile guerisseur en peu de temps.

11. Si le distributeur sçait écrire, qu'il tienne un journal, comme font ces Curez, Medecins & Hôpitaux cy-dessus marquez, à qui M. Pelisson envoye' de ces remedes de la part du Roy. Qu'il écrive les noms, la maladie, & l'effet des remedes Qu'on montre ce journal aux Evesques & Archidiacres, quand ils feront leurs visites, s'ils ont la charité de vouloir bien prendre la peine de le lire, pour procurer ensuite de ces remedes à leurs Paroisses. Que les Curez du moins, publient à leurs Prônes, ces guerisons, pour fermer la bouche à ceux qui décrient ces remedes, & en persuader la bonté aux pauvres gens, comme *l'Archevesque de Tarantaise l'a fait faire en Savoye.*

12. Enfin, pour faire cette distribution avec fruit, qu'on la fasse avec douceur, complaisance & charité, comme le distributeur voudroit qu'on la luy fist, si le distributeur estoit en la place du pauvre; qu'il la fasse, comme s'il la faisoit à la personne mesme de Jesus-Christ, les pauvres sont ses membres, il nous l'a dit, & nous a promis la mesme recompense que si nous avions pensé ses playes sacrées. *Ce que vous avez fait au moindre de ces petits, vous me l'avez fait. Quamdiu fecistis uni ex fratribus meis minimis, mihi fecistis.*

ARTICLE III.

Peste, Pourpre, Epidimie.

IL y a quelque chose d'adjousté & de diminué dans ce memoire, qui n'estoit pas dans les precedens, voici la dixiéme Edition, on change de façon de traiter suivant les experiences, on prend la voye la plus courte & la plus aisée; les sectateurs de *Galien* & *d'Hypocrate* le font aussi, la medecine ne se fait pas aujourd'huy comme elle se faisoit il y a 3. & 400. ans. Combien de changement depuis Hypocrate?

Pour la *Peste,* voicy ce qu'on a experimenté : dés que l'on croit estre attaqué il faut se mettre au lit bien chaudement, une tuile ou un caillou chaud aux pieds, en mesme temps prendre huit cuillerées de la *drogue,* sans regarder si depuis peu on a mangé ou non, en mesme temps prendre un lavement d'une chopine de ladite *drogue* tiede, & y mettre trente six grains de la *pâte jaune,* deux heures aprés un boüillon de huit cuillerées.

N O T A. La Drogue, est le vin où a trempé la pâte noire, comme dit le Chapitre 3.

Aprés le lavement on prendra trois prises de ladite *drogue,* de quatre cuillerées chaque prise, de trois heures en trois heures, deux heures aprés chaque prise, on prendra un boüillon de huit cuillerées.

Aprés que l'operation aura cessé, on prendra deux œufs frais, & du vin, ou bien un biscuit au sucre, *si on en a,* quand on n'en prendroit pas, on guerira.

Si le malade a soif pendant l'operation du remede, on luy baillera de l'eau & du vin.

Si l'envie luy prend de dormir, qu'il dorme, le remede n'en operera que mieux.

La fievre d'ordinaire cessera, & le mal de teste en vingt-quatre heures, s'il ne cesse, & toutes sortes d'autres douleurs, on prendra tous les matins quatre cuillerées de ladite *drogue,* & un boüillon deux heures aprés, jusques à parfaite guerison, qui ne tardera pas, particulierement si on fait suer le malade en la maniere qu'il sera dit cy-aprés.

Si la *Peste* doit sortir, elle sortira d'ordinaire 24. heures aprés la medecine; à la plusspart elle ne sortira pas, le remede dissipera l'humeur : si le bubon paroist, ou les charbons, on les ouvrira d'un coup de rasoir en croix, sans les attendre venir à suppuration, on appliquera dessus un emplâtre d'onguent divin, dont la composition est cy-aprés, & au milieu de la croix, une tente trempée dans cet onguent, fondu dans une cuillere d'argent ou de cuivre.

Si aprés la fievre cessée, elle revenoit, ou mal à la teste, ou ailleurs; qu'on prenne un lavement (*ut suprà*) & 2. cuillerées de ladite *drogue* en mesme temps, & 2. heu-

T

res aprés un boüillon, & toutes les douleurs cefferont dés que le remede aura operé.

La plufpart, comme on a dit, dés la premiere medecine fe trouveront fans fievre & fans douleur, & fi la pefte fort, elle ne fera *ny douloureufe ny veneneufe*, non plus que les cloux des enfans. On a veu cela, comme on a dit, par experience en Lorraine, où M Peliffon laiffa de ces Remedes, l'an 1675.

Pendant tout le mal, fi on eft alteré, on mettra 2 cuillerées *de la drogue* dans une pinte de breuvage: fi on n'eft pas alteré, on mettra 3. cuillerées; & plus on boira, & plûtoft on fera gueri: cela fe doit obferver pour toutes fortes de maladies. Cette *drogue* ne donne au breuvage ny couleur, ny odeur, ny faveur; & on peut la mettre dans de l'eau cruë, qui eft auffi bonne que la ptifanne.

Pour guerir feurement & promptement, qu'on fe faffe fuer le lendemain de la premiere medecine, dans un Tonneau ou Barique couverte fi on en a qu'on y entre tout nud couvert d'un linceul; qu'on prenne 4. onces d'eau de vie dans une écuelle de terre, où le malade mettra le feu, & l'entretiendra remuant l'eau de vie enflamée avec un bâton. Ou bien que le malade, s'il eft foible, fe tienne au lit, qu'on prenne 2. pains tout chauds d'une livre chacun, qu'on les coupe par la moitié, qu'on jette fur la mie de chaque pain 8. onces d'eau de vie, qu'on applique une portion de ce pain fur l'eftomac, 2. autres à la plante de chaque pied, & la quatriéme, feparée en deux, fous fes deux aiffelles, le tout enveloppé dans des linges. Qu'on tienne le malade bien couvert & fon vifage auffi.

Si on eft en lieu fi pauvre, qu'on ne puiffe avoir de l'eau de vie, qu'on mette des bouteilles de terre pleines d'eau chaude, aux pieds & fous les aiffelles; fi on ne peut avoir des bouteilles, qu'on y mette des tuiles ou des cailloux chauds, ou bien des écuelles de bois boüillies dans de l'eau, que l'on changera quand elles fe refroidiront.

Pour exciter la fueur aux pauvres gens, fortifier le cœur & garantir de tout venin, on peut donner un verre de ptifanne au malade, avant de le faire fuer, de fix onces d'eau, où aura boüilli trois onces de *Buys* pulverifé, qui produit les mefmes effets que le *Gayac* pour les maux Veneriens. Quand on n'en donneroit pas il gueriroit.

NOTA. 1. Que ce remede feroit excellent pour l'Italie, Marfeille, & ailleurs, où ils font faire quarantaine aux Hommes & Vaiffeaux qui viennent du Levant, qu'on foupçonne toujours de Pefte; faifant aux Hommes fe purger avec ce remede, la Pefte paroiftra en 24. heures, s'il a à fe trouver malade; paffé cela, il n'y a rien à craindre.

NOTA. 2. Pour la campagne, & les pauvres gens, qui n'ont point de feringue, au lieu de lavement, qu'on ufe d'un fuppofitoire, fait d'un morceau de bougie, de la longueur d'un doigt trempé dans du fiel de Bœuf feché à la fumée d'une cheminée; & puis meflé, avec fel, & vinaigre, cela operera quafi comme un lavement. Faute de tel fuppofitoire, on peut fe fervir des communs; & quand on ne s'en ferviroit, ny des lavemens, on ne laiffera pas de guerir, mais un jour, ou 2. plus tard.

N O T A 3.

Pour les Turcs, ou autres; qui ne boivent point de vin.

1. Si le malade ne peut boire de vin, par averfion, ou par Religion, comme les *Turcs*, il guerira pourtant, prenant dés qu'il fe trouvera malade, 32 grains de la pâte jaune, un boüillon deux heures aprés, ne fuft-il que d'eau tiede, & 4. heures aprés 32. grains de la pâte blanche, & des boüillons de 2. heures en 2. heures, jufques à ce que l'operation des remedes ait ceffé.

2. On guerira auffi, quand bien on ne fe feroit pas fuer, mais non pas fi vifte.

3. Enfin, il n'en mourra pas un feul *de Pefte, de Pourpre, d'Apoplexie, ny de Paralifie*, fi on luy donne ce qu'on vient de dire dans le precedent article, dés qu'il fe trouvera malade. Mais il guerira bien plûtoft fi on le fait fuer, & qu'on luy donne des lavemens.

Epidimies, Fievres pourprées & continuës.

Traitez comme pour la Peste, & vous guerirez infailliblement.

L'an 1669. la Demoiselle *Lavor*, du Limousin, pauvre plaideuse logée au Fauxbourg Saint Germain à Paris, ruë des Fossoyeurs, chez la *Dame Pousse* Tapissiere, fut attaquée d'une fiévre pourprée, avec des douleurs par tout le corps insupportables : elle fut traittée comme il est dit cy-dessus, dés la premiere medecine ses douleurs violentes cesserent, le venin sortit au dehors, tout le corps se trouva couvert de pourpre ; deux jours aprés on la purgea encore, & il en sortit encore un peu.

S'estant levée trop tost pour donner ordre à ses procez, une fievre continuë la prit, on la purgea comme dessus, & la fievre cessa.

Les Relations cy-dessus parlent d'un grand nombre de fievres pourprées, gueries par ces remedes.

ARTICLE IV.

Fievres Tierces, Quartes, Quotidiennes, & autres que l'on tremble.

ON les guerira faisant ce qui suit, infalliblement.

1. La veille de l'accez 6. heures aprés avoir mangé, on prendra sur les cinq ou 6. heures du soir 18. *grains de la paste blanche*, & un lavement de chopine de la *drogue* tiede, & dedans 36. *grains de la paste jaune*, & un boüillon une heure aprés avoir rendu le lavement. *Quand on ne prendroit point de lavement*, comme il a esté dit, *on guerira, mais non pas si-tost.*

2. Le lendemain on prendra du matin à jeun, 8. *cuillerées de la drogue*, 3. heures aprés, 4. *cuillerées de ladite drogue*, 2. heures aprés chaque prise, ou boüillon de 8. cuillerées, & qu'il mette dans sa boisson, eau panée, cruë ou ptisante, 2. cuillerées de la *drogue* sur chaque chopine, & hors de l'accez une cuillerée seulement.

3. Quand l'accez commencera, on prendra 4. cuillerées de ladite *drogue*, un bouillon quand l'accez aura cessé avec 2. œufs frais, & 2. coups de vin & d'eau si on en a les 2. jours suivans qu'on le nourrisse du mieux qu'on pourra sans luy donner des letages ny salades: si l'accez ne venoit pas à l'heure ordinaire, on commencera neanmoins à prendre les choses cy-dessus, à l'heure que le dernier accez estoit venu

Si on vomit, le plus, sera le mieux, on sera plutost gueri A chaque fois qu'on vomira, qu'on prenne 2. ou 3. cuillerées de bouillon, on vomira plus doucement ; quand on n'en prendroit pas, le remede operera également, mais plus rudement.

Si le pauvre ne peut avoir des bouillons de viande, qu'on luy en fasse avec une poignée d'herbes & un peu de beurre ou d'huile, selon le pays où l'on est. Quand il ne prendroit que de l'au tiede il guerira.

4. Trois jours aprés la premiere medecine, donnez le veille de l'accez un lavement, le lendemain 18. *grains de la paste jaune*, 2. heures aprés, 4. *cuillerées de la drogue*, un boüillon une heure aprés.

5. Quand l'accez commencera, ou du moins à l'heure du dernier, donnez 4. *cuillerées de la drogue*, 2. heures aprés un boüillon, *ut suprà, nombre 3. de cét Article.*

6. Trois jours aprés la medecine, la veille de l'accez, & le lendemain, il prendra ce qu'on vient de dire, dans l'ordre que l'on a dit ; c'est à dire, si on n'est pas gueri dés la premiere ou seconde medecine, car d'ordinaire on le sera dés la premiere, ou du moins de la seconde, comme on voit dans les relations cy-dessus.

7. Pour empêcher que la fievre ne revienne, & purger le reste des mauvaises humeures, 8. jours aprés la fievre cessée, purgez comme il est dit cy-dessus, *nomb. 1. & 2. de cét Article*, ou du moins prenez poudre ou pilules.

Qui ne pourra avaler des pilules, il faudra les reduire en poudre, & les prendre avec une pomme cuite.

8. Pour faire ces pilules, sur voftre poudre jettez une cuillerée d'eau, vous incorporeres le tout, le remuant avec un couteau, & le frotant entre les mains on en fait de petits faucissons grêles comme une grosse paille, que l'on coupe avec le couteau par petits morceaux, de la pefanteur de 6. ou 7. grains, qu'on arondit les frotant entre les mains.

NOTA, 1. Que les pilules operent plus que la poudre & plus-doucement, parce qu'elles operent plus lentement. Si la poudre ne fe lie pas aifément, pour avoir efté gardée en lieu-trop fec, mettez une cuillerée de farine fur une pafte pulverifée.

NOTA : 2. Quelque quantité que vous donniez des poudres, pilules, ou drogues, aux plus foibles même, cela ne produira jamais aucun mauvais effet, car on rejette ce que l'eftomach a de trop; on en a mille experiences: & ainfi il vaut mieux en donner plus que moins, de crainte d'émouvoir fans purger fuffifamment.

ARTICLE V.

Pleurefie.

SI le mal preffe, on baillera fans regarder l'heure, foir ou matin, un lavement, *ut fupra*, en mefme temps 8. cuillerées de la *drogue* par la bouche. & 3. prifes de 2. cuillerées de *drogue*, chacune de 2. heures en 2. heures, & un boüillon de 4. cuillerées. une heure aprés chaque prife; & les jours fuivans 2. cuillerées de de ladite *drogue* tous les matins, jufques à ce que la fievre & l'oppreffion ayent ceffé. On peut prendre cette *drogue* avec un peu de boüillon.

Si le mal ne preffe pas, on baillera les pilules & le lavement le foir, le lendemain, la *drogue*, & le refte dans l'ordre qu'on vient de dire, pour les fievres, & jufques à parfaite guerifon on mettra *deux cuillerées de la drogue fur chaque pinte de breuvage. Remarquez tous-jours que le lavement n'eft pas neceffaire fi on ne le peut commodément, prenant en la place 18. grains de la pafte blanche.* On voit cy-deffus des cures de gens mis en Extreme-Onction.

ARTICLE VI.

Enflures, Fluxions, Hydropifies.

VOus guerirez les naiffantes, & foulagerez les inveterées, donnant la veille de la medecine les pilules & lavemens dont eft parlé cy-devant, le lendemain huit cuillerées de la *drogue*, avec 2. prifes de quatre cuillerées de *drogue*, chacune de trois heures en trois heures, & un boüillon de huit cuillerées aprés chaque prife, deux œufs frais, & du vin, fi on en a, aprés l'operation ceffée.

Trois jours durant deux cuillerées de *drogue* le matin, avec un boüillon deux heures aprés.

Sur une pinte de breuvage on mettra deux cuilleres de la *drogue*, jufques à parfaite guerifon: qui aura du vin blanc en pourra mettre dans fon breuvage..

Si les hydropiques ne gueriffent pas par ce premier traitement de trois jours en trois jours, ils prendront le foir 18 grains de la pafte blanche, un lavement, le lendemain quatre cuillerées de la *drogue*, & un boüillon deux heures aprés, d'ordinaire on guerit par le premier traitement.

AVERTISSEMENT.

NOTA 1. Les hydropiques font fujets à vomir les remedes: pour l'empefcher, dans

On

un demy-feptier de 8. onces de ce *vin trempé*, qu'on appelle *drogue*, vous mettrez in-fufer fur les cendres chaudes le poids de deux doubles de fené, c'eft à dire le poids de deux écus d'or, vous y adjoûterez le poids d'un double de clou de gerofle, & au-tant de canelle, avec une once de fucre, fi vous eftes preffé, faites boüilir le tout un *Miferere*.

Nota 2. Ce remede opere lors au double, pour toutes fortes de maladies.

Nota 3. Au lieu qu'il faudroit faire infufer le fené douze heures, fion eft preffé, il fuffira de luy faire jetter un boüillon, & cela ne caufera point de tranchées.

Nota 4. Que la *drogue*, comme a efté dit au Chap. 3. eft le vin où a trempé la pafte noire : on le repete fouvent, car plufieurs fe plaignent que ce mot de *drogue*, n'eft pas bien expliqué.

Nota 5. Que le vin d'Efpagne ou à trempé la pafte noire, opere beaucoup plus, & plus doucement. Mais cela eft trop cher pour les pauvres.

ARTICLE VII.

Mal de Dents.

ON guerira infailliblement, prenant le foir 18. grains de la pafte blanche, le len-demain huit cuillerées de la *drogue*, & quatre cuillerées trois heures aprés les huit. Défque le remede commencera à operer, le mal violent d'ordinaire ceffera: on mettra deffus les tempes, & l'enflure s'il y en a, un emplaftre d'onguent divin pour guerir plus promptement.

Nota 1. Que dans Paris, *la Demoifelle Tresfel* vend des Emplaftres, avec Privilege du Roy, qu'on dit guerir du mal des dents, fans purgation : mais on vend ces Empla-ftres cher, & le pauvre n'a point d'argent.

Nota 2. On voit cy-deffus, des relations de beaucoup de maux de dents, violens, & inveterez.

ARTICLE VIII.

Maux de tefte, Migraines, Vertiges, Eblöüiffement, Folie naiffante.

TOus ces maux gueriront, 1. appliquant une Emplaftre d'onguent divin fur les deux tempes, & une fur le haut de la tefte, rafée large comme la couronne d'un Preftre.

2. Purgeant comme pour l'hydropifie, & ufant de la mefme ptifanne, comme il eft dit Art. 6. de l'*Hydropifie*. Au Chap. 2. il eft parlé de la femme entr'autres de *Iolivet pauvre Laboureur*, guerie d'un mal de tefte de quatre ans: dans les relations il eft auffi parlé de diverfes autres cures furprenantes, de maux de tefte horribles.

Les folies inveterées fe gueriront auffi, ou diminueront. Pour les naiffantes, on n'en manquera pas; On voit cy-deffus, diverfes cures furprenantes, de fous furieux.

ARTICLE IX.

Louppes & Surditez.

APpliquez Emplaftres d'onguent divin derriere les oreilles, & fur la louppe, & puis purgez, comme il eft dit art. 6. de l'Hydropifie. Au Chap. 2. on a parlé de diverfes cures de ces fortes de maux, fans onguent fur la tefte; mais c'eft le plus fur d'y en mettre.

V

ARTICLE X.

Poulmonie naissante, ou inveterée.

CE remede n'est pas infallible pour les inveterées.

La naissante guerira, purgeant une fois comme pour l'Hydropisie, & usant de nostre ptisanne trois mois.

L'inveterée sera soulagée, purgeant de temps en temps, quand l'estomach sera plein, doucement & bonignement avec les lavemens la veille, & le lendemain avec dix-huit grains des pilules blanches, & une prise de deux cuillerées de *drogue* de trois heures en trois heures, avec des boüillons deux heures aprés chaque prise.

Il y a un remede pour les inveterées, quand le Poulmon seroit ulceré, imprimé cy-aprés, qui est éprouvé.

ARTICLE XI.

Dissenterie, Flux de sang, Coliques violentes, Lianteries, & tous autres maux de ventre.

1. DAns la naissance, tous ces maux se guerissent promptement, les inveterez se gueriront aussi, mais plus lentement, faisant ce qui suit,

2. La veille de la medecine sur les 6. heures du soir, 4. heures aprés avoir mangé, on prendra 18. grains de la paste blanche, en poudre ou en pilules, demie heure aprés un lavement d'une chopine de la *drogue* tiede, où l'on mettra 36. grains de la paste jaune, un boüillon une heure aprés avoir rendu le lavement.

3. Le lendemain, 8. cuillerées de la *drogue*, & deux prises de 2. cuillerées chaçune, de trois heures en trois heures, avec un boüillon 2. heures aprés chaque prise.

4. Jusques à parfaite guerison, on prendra 3. jours durant aprés la medecine, tous les matins, 2. cuillerées de la *drogue*, ou bien 18. grains de la paste blanche, si le malade est foible, & sur une chopine de breuvage, il faudra mettre une cuillerée de la *drogue*.

5. Si le mal est pressant & violent, comme les coliques de *Miserere*, on donnera lavement sur lavement, poudre sur poudre, de la jaune, 36. grains à la foy, *drogue sur drogue*, c'est à dire, 8. cuillerés de vin trempé, d'heure en heure, jusqnes a ce que les remedes operent par le bas; dés qu'ils commenceront à operer les douleurs cesseront; quoy que les douleurs violentes ayent cessé, on continuera neanmoins à donner les 2. prises de 4. cuillerées de *drogue* de 3. heures en 3. heures, aprés les premieres selles, & un petit boüillon 2. heures aprés chaque prise.

6. An Chap. 2. cy dessus, il est parlé de diverses Cures surprenantes de ces natures de maladies, & dans les Relations.

ARTICLE XII.

Iaunisse.

ON traitera ce mal comme le Scorbut, Art. 17. Si le mal est inveteré, & la cure longue on purgera de 15. jours en 15. jours, comme audit Art. 17. d'ordinaire on guerita dés la premiere medecine.

ARTICLE XIII.

Soulage la Pierre, guerit la Gravelle.

TRaittez comme pour le Scorbut, Art 17. on rendra les urines au commencement rouges, épaisses, enflamées, ou brulantes, qui sera bon signe. Diverses cures sont rapportées cy-dessus qui tiennent du miracle.

ARTICLE XIV.

Retention d'urine.

LIsez le Chap. 2. cy-dessus, & Relations, & vous y trouverez des retentions d'urine de 8. & 10. jours, faites en divers Eveschez. *Traitez comme pour le Scorbut, Art. 17. & vous guerirez.*

ARTICLE XV.

Goute.

ON ne la guerit pas radicalement, si elle est inveterée, mais on fait cesser les douleurs, les accez sont moins frequens, & durent moins, & sont moins douloureux.

Pour cela dés qu'on sentira les premieres attaques, purgez comme pour le mal des dents, Art. 7. & sur une pinte de ptisanne mettez 2. cuillerée de la *drogue*, & les douleurs cesseront.

Voyez au Chap. 2. & dans les Relations, les Cures qu'on a faites, elles sont extraordinaires.

ARTICLE XVI.

Ecroüelles. Grosse verole.

1. POur les Ecroüelles, le plus seur est d'aller au Roy. Cependant on les guerira, traitant comme pour le *Scorbut*; dans l'Hospital du Duché de Luyne entr'autres, on en a gueri plusieurs. Lisez le Chapitre 2. & les Relations cy-dessus.

2. Pour la verole & tous maux qui la precedent, faites de la ptisanne avec bois de *Buis*, qui vaut du *Gayac*; sur 3. chopines d'eau, mettez 3. onces de ce bois pulverisé, faites boüillir jusqu'à la reduction d'une pinte, sur cette pinte mettez 2. cuillerées de la *drogue, qui est le vin où a trempé la paste noire, comme dit le Chap 3.* Faites user de cette ptisanne, comme on use de la ptisanne preparée pour les maux veneriens.

3. Purgez comme pour le *Scorbut*, & faittes suer comme pour la peste. Art. 3.

4. *J'ay veu une femme, pour deux écus, guerir de la verole celles de son sexe qu'on envoyoit aux Isles, il falloit qu'elle eust quelque secret comme celuy dont nous parlons; Elle ne fournissoit pas la nouriture.*

5. *Dans les Relations cy-dessus, on voit un verolé ulceré, guery dans l'Hospital de Fontenoy en Franche Comté, par les seu les Medecines.*

ARTICLE XVII.

Scorbut, Mal-Caduc.

1. CEs maux, s'ils font inveterez, ne se guerissent pas aisément, mais dens leur naissance on les guerit facilement

2 Pour le Scorbut on y est sujet particulierement aux pays froids, dans les grands Hospitaux, dans les prisons, où l'air est pesant & mal sain, dans les vaisseaux de long cours passant sous la ligne: quand ce mal prend en bon air, c'est signe d'une grande corruption & disposition à la peste.

3. Dés qu'on se sentira attaqué, on prendra la veille de la medecine; comme on a dit cy-devant, en divers articles, 18. grains de la paste blanche, un lavement de demy chopine de la *drogue*, avec demy chopine d'eau tiede, & 36. grains de la paste jaune dans ledit lavement, & un boüillon une heure aprés avoir rendu le lavement, on prend une verrée d'eau & de vin, si on n'a pas de boüillon, & le lendemain 8. cuillerées de la *drogue*, avec 3. prises de deux cuillerées de ladite *drogue*, chacun de 3. heures en 3. heures, & un bouillon 2. heures aprés chaque prise.

4. Trois jours durant aprés cette medecine, on prendra le matin 4. cuillerées de ladite *drogue*, un bouillon deux heures aprés; on usera de nostre ptisanne, qui est de 2. cuillerées de *drogue* sur une pinte de breuvage, & on se purgera de 15. jours en 15. jours, comme on vient de dire, jusques à parfaite guerison,

5. Si on a du mal à la bouche, on se gargarisera de ladite *drogue*, d'heure en heure, il n'y a point de plus doux gargarisme, il n'a goust que de vin.

6. On peut y mettre un peu de Sucre & de Verjus, il en sera bien plus agreable au goust.

7, Si le Scorbutaire a des Ulceres, on les guerira avec l'Onguent divin.

8. Pour le mal Caduc inveteré, on se purgera de 3. mois en 3. mois, comme on vient de dire, & quand on tombera de ce mal, dans l'accez on baillera ce qu'on va dire dans l'Article suivant, *pour l'Apoplexie*, les accez seront moins frequens, & moins longs, & plusieurs gueriront entierement; comme on en voit cy dessus des malades de 18. ans.

9 Pour le mal Caduc naissant, on guerira radicalement, se purgeant tous les mois une année durant; & le reste de sa vie, de 3. mois en 3. mois, & prenant les doses cy-dessus, quand on tombera dudit mal. *On est fondé en experience, comme il se voit par les Relations cy dessus.*

ARTICLE XVIII.

Apoplexie, Letargie.

1. ON guerira Apoplexie & Lethargie, baillant dés que le malade est attaqué 72. grains de la paste blanche, avec 8 cuillerées de la *drogue*, en mesme temps donnez si vous pouvez un lavement d'une chopine de ladite *drogue* tiede, où vous mettrez 72. grains de ladite paste jaune.

2. Aprés cela donnez 3. prises de ladite *drogue*, de 4. cuillerées chacune; de 2. heures en 2 heures, tenez le malade chaudement, avec une tuile ou caillou chaud aux pieds; à chaque fois qu'il vomira, donnez 3. ou 4 cuillerées de bouillon

3. Si le malade ne peut avaler, ou qu'il aye les dents serrées, mettez luy la teste aussi basse que les pieds, fourrez luy le pied d'une cuillere platte entre les dents, aprés la cuillere, fourrez un baillon de bois, fait comme un fosset, gros comme le poulce, plat par la pointe plat comme le pied d'une cuillere, & grossissant peu à peu, quand on l'a fouré jusques à l'endroit qui est rond, on le tourne doucement, en poussant, & on ouvre sans violence la bouche & les dents, sans les rompre.

4. Aprés

4. Aprés cela on met un entonnoir dans la bouche , & on y verse à cuillerées la *drogue* , & ladite poudre de la paste blanche parmi.

5. Si le malade ne peut avaler , on luy serre le nez & on le tire , cela le contraint de respirer par la bouche , & attirant l'air , il avale.

6. Dés que les remedes commenceront à operer , le jugement , l'esprit & la parole commenceront à revenir.

7. Trois jours consecutifs aprés cette grande purgation , on prendra le matin quatre cuillerées de la *drogue* , ou dix-huit grains de la paste blanche , à l'option du malade.

8. Huit jours aprés on se purgera comme est dit dans l'Article 17. pour le Scorbut.

9. S'il reste quelque incommodité , on mettra deux cuillerées de la *drogue* sur chaque pinte de breuvage , jusques à parfaite guerison.

10 *On a parlé de diverses cures de cette nature de maux au Chap. 2. & relations cydessus.*

ARTICLE XIX.

Paralysie.

ON la guerit dans sa naissance , purgeant comme on vient de dire dans l'Article precedent , pour l'Apoplexie.

On soulage notablement l'inveterée , & souvent on la guerit , purgeant de trois mois en trois mois , comme pour la fievre quarre , & frottant tous les jours soir & matin , les membres affoiblis avec esprit de vin , & à son defaut avec bonne eau-de-vie de la plus forte , *& appliquant une emplastre d'onguent divin sur la partie foible ; C'est le principal.*

ARTICLE XX.

Rhumatisme.

DAns sa naissance vous guerirez facilement , purgeant comme pour la fievre quarte , Art. 4 & prenant aprés , par trois jours , quatre cuillerées *de drogue* le matin , avec un bouillon deux heures aprés.

Si le mal est inveteré , vous purgerez de trois mois en trois mois , frotterez d'eau de vie , & appliquerez l'emplastre d'onguent divin sur la partie la plus douloureuse ; la pluspart gueriront , ou du moins seront fort soulagez dés la premiere medecine.

Au chap. 2. & relations cy-dessus, on a parlé des cures extraordinaires qu'on a faites de ce mal.

ARTICLE XXI.

Playes & Ulceres.

POur contribuer à la prompte guerison , & empescher la fievre pendant la cure , purgez doucement comme il suit.

La veille , donnez un lavemeut de 16. onces *de la drogue* , avec 16. grains de la paste jaune : le lendemain dix-huit grains de la paste blanche : pendant la cure , sur une pinte de breuvage , qu'on mette deux cuillerées de la *drogue.*

NOTA. Qu'on repete souvent que la *Drogue* est le vin où a trempé la paste noire , comme dit le Chap. 1. parce que plusieurs disent que ce mot de *Drogue* les brouille ; Ce qui *vient de ce qu'ils n'ont pas l'esprit de l'Ordre , c'est à dire , d'humilité , & foy avecu*

X

gle, ils raisonnent ; Qu'on donne le Livre à lire au plus ignorant, & qu'on fasse ce qu'il dira, on reüssira : On voit par experience qu'il n'y a que les sçavans qui y trouvent de la difficulté.

ARTICLE XXII.

Galle & Gratelle.

ON a dit au Chap. 2. qu'un homme de la Paroisse de Valanton proche Paris, avoit esté gueri d'une grosse gale de sept ans, comme une *demye-lepre*, il avoit les, bras, les jambes, l'estomach tout couverts d'une grosse crouste blanche, qui rendoit du pus, les remedes ordinaires n'y avoient rien pû faire, il a esté gueri en trois semaines, il a fait ce qui suit

1. Il s'est purgé de huit jours en huit jours, la veille de la medecine. il a pris 18. grains de la paste blanche, le lendemain matin huit cuillerées de la *drogue*, un boüillon deux heures aprés.

2. Il a tenu des linges sur ses gales, toûjours moüillez dans la *drogue*, qu'il relevoit trois fois le jour.

3. Il a frotté ses gales jusques au sang, & les a bassinées de ladite *drogue*.

Nota, que ce frotage jusques au sang, est rude, & qu'il n'auroit pas laissé de guerir sans cela, mais la guerison en eust esté plus longue.

4. Pendant ce traittement il a mis deux cuillerées de ladite *drogue* sur chaque pinte de son brevage, qui a esté moitié eau, & moitié vin.

5. Plusieurs ont esté gueris par le mesme traitement, de diverses gales malignes, qu'on appelle en diverses Provinces, *Mal de saint Méen*, à cause qu'on invoque ce Saint & qu'on va en Pelerinage à une Abbaye en Bretagne, qui porte ce nom.

6. Pour la gratelle, il suffit de se purger une fois, & se laver ensuite soir & matin les parties grateleuses, jusques à parfaite guerison.

7. Ou voit dans les relations beaucoup de gales lepreuses, gueries en peu de temps.

ARTICLE XXIII.

Chaleurs de foye, d'entrailles, Alterations. Eaux minerales.

1. PUrgez-vous legerement, prenez la veille de la medecine 18 grains de la paste blanche, & un lavement, *ut suprà*, où il y aura trente-six grains de la paste jaune : *sans lavement vous guerirez*.

2. Le lendemain prenez quatre cuillerées de la *drogue*, & un boüillon deux heures aprés.

3. Jusques à ce que le mal ait cessé, prenez tous les matins une chopine d'eau de fontaine, ou une pinte, avec une cuillerées de *drogue* sur chaque chopine.

EAUX MINERALES.

Composées avec la Drogue, qui produisent les mesmes effets que celles des Fontaines.

1. Les uns sont plus difficiles à émouvoir que les autres, & ainsi chacun doit essayer son estomac : l'effet de cette eau est de purger doucement par le bas, sans faire vomir, comme les eaux minerales font d'ordinaires : si 2. cuillerées de la *drogue* sur chaque chopine vous fait vomir, mettez en moins ; si une cuillerée ne vous purge pas par le bas, mettez-en deux & à proportion, jusques à avoir connu ce qu'il vous en faut

Nota. 1. Ceux qui sont accoustumez à boire du vin, peuvent assaisonner l'eau & le vin comme ils ont accoustumé de le boire, moyennant qu'il y ait la moitié d'eau, &

fur chaque chopine de breuvage mettez deux ou trois cuillerées de la *drogue*, plus ou moins, comme il est dit cy-dessus, à proportion des forces de vostre estomach, que vous connoistrez d'abord.

Nota 2. On peut prendre de ces eaux en Hyver comme en Esté, se tenant en l'Hyver en lieu chaud, & une serviette chaude sur l'estomach, & faisant tiedir l'eau.

Nota 3. Qu'il faut prendre quatre onces de ces eaux a la fois, dans un verre, & mettre un quart-d'heure entre chaque prise.

Nota 4. Aprés en avoir pris huit jours, purgez comme dessus.

Nota 5. *On donnera aux eaux minerales des fontaines, telle force que l'on voudra, mettant 2. cuillerées de la drogue sur chaque pinte, plus ou moins, suivant le besoin du malade, & il n'y aura point d'obstruction que cela n'emporte par le bas.*

ARTICLE XXIV.

Poison.

Vous guerirez, vous purgeant dés que vous croirez estre empoisonné, comme il est dit Art. 18. *De l'Apoplexie.* page 80.

ARTICLE XXV.

Rage, & morsures de Serpens, & autres bestes veneneuses.

Purgez comme il est dit Article 18 pour l'Apoplexie, dés que vous serez mordu, & prenez ensuite les remedes ordinaires du païs où vous serez, si vous voulez, à la reserve du bain de la mer, vous guerirez infailliblement: appliquez aussi sur la morsure un emplastre d'onguent divin qui attirera le venin, comme il fait celuy de la peste.

Quand on auroit déja eu les accez de la rage, purgez, *ut suprà*, si on ne guerit pas, la violence du mal cessera, l'esprit & le jugement deviendront libres, on pourra se confesser, & on mourra doucement. Si les accez ont commencé, il faudra purger tous les jours, jusques à ce que le malade soit mort ou gueri.

Donnant les remedes dés qu'on sera mordu, homme, ny beste n'en mourra, on en voit des exemples cy-dessus.

MALADIES DES FEMMES.

ARTICLE XXVI.

Purgations arrestées, Pâles couleurs, maux de Ratte, Suffocations, Fleurs blanches, & toutes autres maladies.

Tous ces maux gueriront, se purgeant, & gouvernant comme pour le scorbut, Art. 17. & mettant deux cuillerées de *drogue* sur chaque pinte de brevage, qu'on boira jusques à parfaite guerison.

De plus on se purgera aussi tous les mois en pleine Lune, jusques à estre bien reglée.

Dans le temps qu'on a ses purgations, purgez hardiment, s'il y a quelque mal compliqué il guerira aussi, donnez de la *drogue* plus que moins, tout mal cessera: ne craignez pas, l'experience est au dessus du raisonnement, & de *l'Ergo de l'Ecole* On en a donné à des filles dans le temps qu'elles avoient leurs purgations, qui leurs avoient causé fievre & delire, & furent gueries dés que le remede eut operé, par le haut & par le bas, & cela arrivera quasi toûjours.

ARTICLE XXVII.

*Femmes en travail d'enfant, Arriere-fais, toutes maladies
pendant leurs couches.*

Au Chapitre 2. on a parlé de diverses cures qui sont surprenantes,
& dans les Relations cy-dessus.

DANS le travail, donnez quatre cuillerées *de la drogue* de 2. heures en 2. heures,
qu'elle n'aye accouché, elle accouchera promptement & heureusement, rendra
l'Arriere-fais, & n'aura aucune maladie pendant ses couches.

Si la femme avoit accouché, & n'avoit pas rendu l'Arriere fais, ou qu'elle eust
quelqu'autre mal, donnez luy 18. grains de la paste blanche, & deux heures aprés
quatre cuillerées de la *drogue*, & continuez de luy donner 2. prises de deux cuillerée
de *drogue*, de deux heures en deux heures, & un boüillon une heure aprés chaque prise elle rendra l'Arriere-fais promptement, se purgera copieusement, & toutes les douleurs cesseront.

Si pendant sa couche il survenoit quelque mal, purgez doucement avec les 18.
grains de la paste blanche, & deux cuillerées de *drogue*; deux heures aprés, & redou-
blez ces deux cuillerées jusqu'à ce que le ventre s'ouvre par les selles, & tout mal
cessera.

Qu'on ne craigne pas, on est fondé en mille & mille experiences.

*La Reyne dans une couche a pris du vin emetique, qui est plus violent que nostre
remede, il y a plus de 10. ans, & se porte bien.*

ARTICLE XXVIII.

Enfans, Tranchées, Coliques, Vers, Rougeole, petite Verole, &c.

COlique, ou autre mal. Quand l'Enfant viendroit de naistre, il guerira, luy baillant une cuillerée de la *drogue* avec du sucre, & une demie-cuillerée
d'heure en heure, que le mal n'aye cessé, il cessera dés qu'il se purgera par le bas, cela
le fera aussi tetter & dormir.

Aux enfans d'un an & de deux, vous doublerez la dose, & à proportion.

Vers. Traittez comme pour la Colique.

Rougeole. Tout d'abord donnez de la *drogue*, comme dessus, à proportion de l'âge
tout le venin sortira au dehors, deux jours aprés donnez la moitié de la premiere dose, & qu'on use de ptisanne, si on n'est plus à la mamelle, dans une chopine de cet-
ptisanne vous mettrez une cuillerée de la *drogue*.

Petite Verole. On guerira, & on ne sera point marqué, & la fievre cessera d'abord
aux enfans, & aux grandes personnes, faisant ce qui suit : aux enfans on leur baillera
12. grains de la paste blanche, un lavement de quatre onces de la *drogue*, avec quatre
onces d'eau tiede, une heure aprés 2. cuillerées de la *drogue*.

On augmentera les doses à proportion de l'âge du Malade, jusques à l'âge viril.

Il est à remarquer que la Nourrice doit tenir l'enfant malade sur ses genoux, auprés du feu, pendant l'operation du remede ; s'il estoit dans le berceau, il pourroit
étouffer s'il vomissoit.

*Le Chap. 2. & les Relations rapportent diverses Cures de ces natures de maladies, qui
sont surprenantes : des hommes ont rendu des Vers de 9. pieds de long, d'autres ont rendu
des Chenilles, des Crapeaux, des Couleuvres, &c. comme il est dans les Relations.*

Qu'on ne craigne pas de donner ce remede aux enfans, non plus qu'aux hommes,
quand ils en avaleroient des seaux cela ne produira aucun mauvais effet, l'estomach re-
jettera ce qu'il aura de trop ; mille experiences de cela.

ARTICLE

ARTICLE XXIX.

Nourrices.

QUand l'enfant eſt malade, la Nourrice ſe doit purger doucement avec 18. grains de la paſte blanche, & 2. heures aprés, 4. cuillerées de drogue, & uſer de noſtre ptiſanne pendant la maladie de l'enfant, qui eſt de mettre deux cuillerées de la drogue ſur une pinte de breuvage : ce ſeul regime guerira la pluſpart des maladies des enfans, ſans leur rien donner ; nous le voyons tous les jours par experience. *Le Chapitre 2. en rapporte diverſes Cures, & les Relations.*

Si la Nourrice tombe malade, la veille de ſa medecine, elle prendra un de nos lavemens, le lendemain 18. grains de la paſte blanche, deux heures aprés 4. cuillerées de la drogue, & uſera de noſtre ptiſanne juſques à eſtre guerie, & ſon lait augmentera.

ARTICLE XXX.

Maux des yeux, Taigne, Gale, Gratelle, Brûlures, Ereſipelles, Dartres, vieilles Playes & Vlceres. On voit dans les Relations, & au Chap. 2. beaucoup de Cures de ces maladies.

1. PRenez 2. gros de couperoſe blanche, & un gros de verd de gris du plus fin, pulveriſez le tout, & le paſſez au tamis ; ſur cette matiere miſe dans un pot de terre, jettez-y 3. pintes d'eau boüillante, remuez le tout avec un baſton, que l'eau ne ſoit froide.

2. Toutes les fois qu'on veut ſe ſervir de cette eau, il faut la remuer avec ce baſton, ou remuer bien fort le vaiſſeau où elle ſera, car la matiere va au fonds.

Vſage de cette Eau.

1. Pour les yeux, il faut les laver par dehors, & avec le bout du doigt en faire couler dedans par le coin de l'œil, renverſant la teſte, ou ſe *couchant* ſur le dos : ſi le mal eſt violent, on peut s'en ſervir à toutes les heures du jour.

2. Pour la taigne, gale, Dartres, Ereſipelles, vieilles playes & ulceres, vous tremperez des linges dans cette eau, que vous appliquerez ſur le mal ; pour guerir promptement, il faut tenir ces linges toûjours moüillez.

3. Pour empeſcher que les playes ne s'ecorchent, en arrachant le linge quand il eſt ſec, on applique ſur la playe un linge delié aprés l'avoir moüillé, & par deſſus un linge plus gros en 3. ou 4. doubles, auſſi moüillé : quand ils ſont ſecs, ſi le linge delié eſt attaché à la playé, avant de le lever on le moüille avec un autre gros linge trempé dans cette eau, & il ſe detachera ſans douleur, & ſans rien écorcher.

4. Il eſt à remarquer, qu'avant de ſe ſervir de cette eau, le plus ſeur eſt de ſe purger comme il eſt dit cy-deſſus, & reïterer la purgation, ſi les maux ſont violens ou inveterez.

5. Cette eau eſt auſſi ſouveraine pour la brûlure s'en ſervant comme pour les ulceres.

6. *La diſtribution de cette eau ſe devroit faire dans les Hoſpitaux des Villes, & on en viendroit querir de la Campagne dans de groſſes bouteilles, dans une hotte, pour toutes les Paroiſſes. Cette eau ſe garde 10. ans : & la pinte ne revient pas, à un liard.*

V

ARTICLE XXXI.

ONGUENT DIVIN.

Cures extraordinaires faites par M. le Moine marchand, qui distribuë dans le Diocese du Mans , les remedes que M. Pelisson Maistre des Requestes & Abbé y a envoyé de la part du Roy.

Du 8. May. 1678,

1. *Le sieur Rocain*, de la Paroisse de Tufé estoit fort mal d'une grosse defluxion dans la gorge & sur le menton, les Medecins l'avoient abandonné aprés l'avoir traité 7. mois sans l'avoir peu soulager, je luy ay appliqué des amplastres d'Onguent divin, en quatre jours il a esté parfaitement gueri. *On appelle à present les Remedes des Pauvres,* Remedes Royaux *on y vient de* 10. *lieuës à la ronde, & les Pharmaciens de ce pays cy, ne murmurent plus que tout bas.*

2. *La veuve Gateau*, de la Paroisse de *Janzé*, estoit attaquée d'une grosse defluxion sur un bras, qui la faisoit crier jour & nuit les remedes ordinaires n'avoient pû la soûlager, l'Onguent divin appliqué chaudement l'a fait, & a dissipé la fluxion , avec une purgation des remedes des pauvres sans qu'elle soit venuë à suppuration , tous les Chirurgiens asseuroient que la matiere estoit formée.

3. La fille de ladite veuve a esté attaqu e d'une pareille fluxion sur une cuisse, & les jarrets, si violente qu'elle ne pouvoit alonger les jambes, les nerfs estoient retressis, elle avoit les talons comme attachez aux cuisses. Je l'ay purgée avec les Remedes des Pauvres, & luy ay appliqué des amplatres d'Onguent divin bien chaudes, qu'on relevoit , & qu'on réchaufoit, trois fois le jour, & qu'on remettoit ensuite. En trois semaines, elle a esté parfaitement guerie.

4. Le nommé *Aubourg de S. George* attaqué d'une grosse defluxion à la gorge , que les Chirurgiens n'avoient pû guerir, je luy ay envoyé une medecine, & une amplastre, & a esté gueri, sans supuration.

5. *Iulien Liberge* de Bonnetable, Charpentier, a esté malade d'une grosse enflure sur une cuisse. Il ne pouvoit se remuer dans le lit , qu'avec l'aide d'une corde attachée aux souliveaux. Les Chirurgiens l'avoient pensé 2. mois, sans l'avoir pû soulager , je l'ay guery parfaitement en 5. jours, par l'onguent & purgation cy-dessus: quand on le vit marcher par les ruës, on le regardoit comme le Paralytique guery par S. Pierre, qui ne pouvoit se servir de ses jambes.

6 *Le sieur Courtin*, Apoticaire de la Ferté Bernard, luy estant arrivé une grande descente de boyau que les Medecins & Chirurgiens ne pouvoient faire rentrer, on le tenoit les pieds en haut il y avoit 4. jours , sans qu'il eust pû dormir. On me pria d'y aller; je fis rentrer les boyaux avec les cataplasmes marquez dans le livre des pauvres , & luy appliquay ensuite une amplastre d'Onguent divin , il dormit incontinent; tout le monde le croyoit mort.

7. *Toiveuav*, de la Paroisse de Terhau meusnier, avoit la main, & les doigts tous crevez, les nerfs estoient tous découverts, les Chirurgiens luy vouloient couper la main; je l'ay guery parfaitement avec l'Onguent divin.

8. *Le sieur Royneau*, Prestre de S. Martin, avoit une descente aqueuse dans les bourses ; son Chirurgien le traitoit comme d'une descente de boyau , & luy faisoit beaucoup de mal, quand je luy eus fait voir que c'estoit une descente aqueuse, le Chirurgien la voulut percer , la mort auroit pû s'en ensuivre, & ce n'auroit pas esté aller à la cause du mal ; je luy laissay dequoy se purger & de l'Onguent divin , & s'est guery parfaitement.

9. Un nommé *Piedolant*, à Bonnetable devenu fou furieux, lié & garroté, que les remedes ordinaires n'avoient pû soulager, on eut recours aux remedes royaux. Je l'en ay purgé, & appliqué de l'onguent divin sur la teste comme dit le Livre, & fait relever l'Emplastre 3. fois le jour, la chauffer & la remettre , & a guery parfaitement, avec l'ad-

miration de tout le monde, qui le croyoit incurable.

10. Le nommé *Gareau*, de la Paroisse de Toré, attaqué d'une fiévre violente, & furieux delire, mis en Extreme Onction & si foible, que je n'osois luy donner de nos remedes, crainte que les Medecins ne m'accusassent d'avoir avancé sa mort. Cependant ses parens m'en ayant conjuré, disant que lesdits Medecins l'avoient abandonné, je le purgeay suivant le Livre, & luy appliquay un emplastre sur la teste, & le delire cessa le mesme jour, & travailla 8. jours aprés.

11. Pour les Cures faites, par les seuls remedes purgatifs, je vous en envoyeray un extrait des principales, ils me viennent de 10. lieuës à la ronde, comme j'ay dit, depuis qu'on a sceu que la liberalité du Roy, & sa charité les faisoient distribuer au peuple.

ARTICLE XXXII.

Onguent Divin, Playes & Vlceres.

L'Onguent divin est merveilleux pour guerir promptement, & sans douleur, toutes sortes de playes & d'ulceres, & beaucoup d'autres maux dont il est parlé cy aprés.

Observation pour bien faire l'Onguent divin.

1. Il est à remarquer qu'au lieu d'huile commune & de vinaigre commun, qui entre dans la composition de cet onguent, suivant le memoire cy aprés, pour le rendre meilleur, on y mesle de l'essence de rose & de girofle 4 onces sur une livre: cela le rend plus cher, mais il en faut moins, dure plus, guerit plutost, & plus doucement.

2. Si c'est au temps des roses de Provins, on met encore pour faire l'onguent excellent 3. livres de ces roses sur chaque livre d'huile & de vinaigre, & on laisse le tout 3. mois au Soleil, ou autant de temps sur le fourneau à feu tiede : aprés cela on passe le tout

3. Quand on ne mettra dans l'huile & le vinaigre que l'essence de rose & de girofle on laissera le tout au Soleil, ou sur le fourneau 3. mois durant.

4. Il y en a qui disent que cet onguent est trop cher, & que le commun fait les mesmes effets.

Réponse. Les Medecins qui fournissent celuy-cy à l'Assemblée charitable de Paris dont est parlé cy dessus, font voir qu'ils n'y gagnent gueres, car ils en ont fourny si peu, que ladite Assemblée a esté obligée d'envoyer à tous les Eveschez dont il est parlé dans le chap. 2. des remedes purgatifs pour 10. Paroisses, & n'ont envoyé qu'un baton d'onguent: quoy que tout le monde en demande, on ne peut en fournir.

Outre cela il faut peu de cet onguent, il dure long temps, & guerit promptement. Doit-on appeller un onguent cher par exemple, dont emplastres qui coutent 5. sols, gueriront un mal en 2. ou 3 jours, que 50. Emplastres communes qui couteront un sou piece, ne gueriront pas en 15. jours.

Enfin, si l'Onguent divin commun fait les mesmes effets que celuy-cy, qu'on l'éprouve & qu'on s'en serve: sa composition est cy-aprés, qui est une marque encore, que les Medecins qui font l'autre ne cherchent pas le seul profit: car ils n'auroient pas mis icy la composition de l'un & de l'autre.

On ne s'étonne pas de ces objections, qu'on ne donne point de nos remedes aux riches, & ces objections cesseront, comme on a dit ailleurs.

ARTICLE XXXIII.

OBSERVATIONS POVR LE CHOIX DES DROGVES
qui entrent dans l'Onguent divin.

POUR LE CHOIX DES DROGUES.

Choisissez premierement *le Galbanum*, le plus sec & le plus jaune est le meilleur, le rousastre n'est pas si bon.

Armoniacum, non en masse, mais en graine moyennement gros. Il est de couleur rouge brun.

L'Oppoponaux, non en masse, mais aussi en graine. Le plus jaune est le meilleur, & il est blanchastre dedans.

Le Vinaigre blanc, le plus fort & le plus blanc.

L'Huile d'Olive vierge.

La Litarge d'or, la plus haute en couleur, la plus rouge, argentée, la moins brune.

Le Verd de gris le plus beau en couleur verte

La Myrrhe choisie, qu'on appelle communement Myrrhe onglée, & la plus transparente.

L'Aristoleche, longue, la plus vive & nette, qu'il faut couper par rouelles, qu'on fera secher sur le four avant que de la piler & tamiser. Il la faut racler & couper, la plus jaune qu'elle peut estre dedans, c'est la meilleure.

Le Mastic en larmes choisi, & net, & le plus transparent. Il est de couleur d'Ambre un peu pâle.

L'Oliban, le plus net. Il est jaune.

Le Bedellium, non en masse, mais en graine, de couleur orangé.

L'Encens choisi, c'est-à-dire, le plus sec, afin qu'il se puisse piler, & tamiser : le blanc est le meilleur.

La Pierre d'Aymant, qui attire au moins une mediocre aiguille à coudre. Celle qui n'attire point le fer, ne vaut rien.

La Cire jaune neuve, la plus jaune & la plus nouvelle, & la blanche Vierge, , est encore la meilleure.

Tout ce que dessus qui peut estre pulverisé & passé au tamis de soye, & le poids s'y doit trouver tout passé à bonne mesure.

ARTICLE XXXIV.

Methode particuliere pour bien faire le merveilleux Onguent divin.

1. PRenez du Galbanum une once deux drachmes, Armoniacum trois onces trois drachmes, & Oppoponaux une once. Il faut prendre le poids un peu fort des trois gommes cy-dessus, à cause du déchet qu'il peut y avoir en les passant aprés avoir esté infusées.

2. Concassez grossierement ces trois gommes dans un mortier separément, & les mettez dans une terrine avec deux pintes de vinaigre blanc, & les y laissez tremper deux jours & deux nuits, les remuant chaque jour deux ou trois fois avec une spatule ou bien pour le faire en vingt quatre heures, vous ferez un fort petit feu que vous renouvellerez trois ou quatre fois pendant ledit temps sous la terrine où tremperont lesdites gommes, & les remuërez autant de fois que vous mettrez du feu, pour les faire mieux dissoudre & incorporer avec le vinaigre. Aprés que vos gommes auront ainsi trempé, & qu'elles seront dissoutes dans le vinaigre, mettez le tout dans une poësle de cuivre sur le

feu

feu où vous les ferez boüillir à petit feu , jusques à la diminution du quart du vinaigre , ou environ. Ce qu'estant fait , vous coulerez ces gommes qui seront fort bien
dissoutes , par une étamine ou toille forte, en les exprimant ou pressant si bien qu'il ne
demeure dans la toile aucune substance gommeuse.

3. Aprés qu'aurez passé le tout, remettez-le derechef sur le feu dans la mesme poësle , ou autre , & ferez encore boüillir jusques à ce que le vinaigre soit du tout consumé,
& que lesdites gommes prennent corps : ce que connoistrez estre , en laissant tomber
quelques gouttes avec la spatule de fer sur une assiette , ou autre chose : & si estant re-
froidies elles s'épaississent & deviennent fermes, ce sera fait. Alors ostez vostre poësle
hors du feu , & y laissez refroidir vos gommes.

4. Puis prenez l'huile d'Olive de la meilleure , deux livres & demie , & la mettez
dans une une autre poële de cuivre qui soit suffisamment grande & profonde. Prenez
ensuite Litarge d'or passé par le tamis , & ensuite broyé sur le marbre une livre & demie, que vous mettrez dans un papier , & verserez petit à petit dans l'huile , remuant
continuellement avec une longue & large spatule de bois , & verd de gris passé par un
tamis fin , une once , que vous verserez de mesme dans ladite poësle , toujours remuant comme dessus. Puis mettez vostre poësle sur un fourneau de fer , ou autre, n'y
mettant qu'un fort petit feu de cinq à six charbons, en sorte que la poësle ne s'échauffe
gueres , en remuant sans cesse & diligemment le tout ensemble avec la spatule de
bois, car autrement la Litarge s'amasseroit en un morceau jusqu'à ce que les drogues
soient bien dissoutes & liées & incorporées ensemble avec l'huile.

5. Et notez que pour cette operation il faut au moins trois heures de temps. Au bout
d'une heure lesdites choses deviennent de couleur verdastre

Alors vous mettrez encore trois charbons dessous ladite poësle , & continuerez à remuer jusques à ce que lesdites choses deviennent jaunes & commencent à petiller : ce
qui se fait encore au bout d'une heure.

6. Alors il faut faire un feu un peu plus fort qu'auparavant , le remuer aussi plus
fort, & cela deviendra d'une couleur pâle tirant sur la feüille morte au bout d'un quart
d'heure , & remuez toujours fortement jusques à ce qu'il devienne d'un rouge brun ,
& pour lors il en faut prendre un peu avec la spatule , & le mettre sur une assiette pour
voir s'il prend corps , & ne tient plus aux doigts.

7. S'il tient encore aux doigts , il le faut mettre sur le feu encore boüillon ou deux ,
& tojours remuer & l'essayer de moment en moment , jusques à ce qu'il ne tienne
plus à l'assiette ny aux doigts.

8. Et quand il ne tiendra plus aux doigts, il le faudra oster hors du feu , & pour lors
vous y mettrez la moitié de la cire , qui sera coupée ou plutost raclée comme de petits coppeaux le plus delié qu'il se pourra , laquelle vous ne mettrez que peu à peu en
remuant toujours. Ensuite vous remettrez le tout sur un feu mediocre , & y mettrez
encore peu à peu l'autre moitié de la cire , de laquelle il ne faut mettre qu'une livre.

9. Cela fait, vous retirerez vostre poësle hors du fourneau, & laisserez un peu refroidir les drogues ce pendant vous prendrez vostre poësle où sont vos gommes déja cuites
& froides, que vous remettrez sur un petit feu, pour les faire un peu fondre, & les verserez dans l'autre poësle , qui est hors du feu , & un peu refroidie , en remuant toujours avec la spatule , le tout ensemble ; tant que les gommes soient bien dissoutes
avec les drogues : puis vous prendrez aymant fin de Levant , broyé en poudre subti-
le , passé par le tamis de taffetas , & outre ce broyé sur la pierre , afin qu'il soit plus
delié , quatre onces que mettrez dans une feüille de papier; le verserez fort doucement
dans les drogues , en l'incorporant & mélangeant avec la spatule , la poësle estant
retirée de dessus le feu : car si vous y mettiez cet aymant estant sur le feu , il feroit à
l'instant enfler toutes les drogues , en sorte que vous en perdriez une bonne partie:
& aprés que vous aurez bien incorporé l'aymant seul hors du feu , vous remettrez la poësle sur le fourneau à feu mediocre , continuant toujours à remuer avec la
spatule.

10. Cependant vous aurez les poudres suivantes , sçavoir *Myrrhe* fine , une once :
Aristoloche, longue, deux onces , *Mastic* en larme , une once : *Oliban*, une once: *Be-
dellion* , une once : *Encens* pur & net , deux onces. Toutes ces matieres estant donc
mises en poudre , passé par le tamis separément , sans les mêler ensemble , & les ayant
mises chacune separément dans une feüille de papier , vous les verserez doucement

l'une aprés l'autre en l'ordre qu'elles font écrites cy-deſſus dans la poëſle qui eſt deſſus le feu, tandis qu'un autre remuera inceſſamment, pour les incorporer. Et quand vous aurez verſé toutes vos poudres, vous continuerez ſur le meſme feu, de remuer toujours juſques à ce que les drogues enflent de trois ou quatre doigts : auſſitoſt qu'elles auront enflé, retirez voſtre poëſle hors du feu, & continuez à les remuer diligemment avec la ſpatule, tant qu'elles ſe prennent & s'épaiſſiſſent entre le mol & le dur, en telle ſorte que vous puiſſiez manier facilement voſtre onguent, ſans gaſter les doigts. Alors retirez cet onguent par morceaux avec la ſpatule, & les mettez ſur une table bien nette & unie, moüillée de vinaigre blanc, & le péːriſſez ou corroyez les uns aprés les autres avec les mains moüillées du meſme vinaigre : puis formez-en des rouleaux, leſquels vous enveloperez de papier, chacun à part pour garder.. *Il ſe garde un jamais, & le plus vieux, eſt le meilleur.*

ARTICLE XXXV.

Maniere de ſe ſervir de l'Onguent Divin.

PRemierement il faut ſçavoir que ledit Onguent ſe peut garder un jamais comme on vient de dire, & qu'il n'eſt pas en ſa parfaite vertu, qu'il n'y ait deux ou trois mois qu'il ſoit fait. Et pour l'appliquer ſur quelque playe, ou autre mal, il faut le paſter ou amollir avec les doigts moüillez d'un peu de vinaigre ou de vin, puis l'étendre ſur du petit cuir qui ſoit net, taffetas, ou futaine & non ſur du linge, parce qu'il le perceroit.

2. Il n'eſt pas neceſſaire de mettre ny tente ny charpie dans la playe : ce n'eſt pas qu'il ne ſoit bon quand la playe eſt profonde, d'y mettre quelque tente ou charpie entourée & fort couverte dudit onguent.

3. La premiere emplaſtre qu'on met ne ſe doit lever qu'au bout de vingt-quatre heures, & celle qu'on met enſuite de douze en douze heures, ſi ce n'eſt que le mal preſſe de les relever plus ſouvent par la quantité de boüe qui en pourroit ſortir.

4. En relevant l'emplaſtre il faut eſſuyer le pus s'il y en a, & repaſſer l'onguent, avec un peu de vin ou de vinaigre, en remettant de l'onguent s'il y en manque, & ainſi une emplaſtre peut ſervir bien plus d'une fois.

5. Il faut noter que le malade bleſſé ne doit manger ny aulx, ny oignons, car il ſera gueri plutoſt en huit jours, qu'en deux mois, s'il en mangeoit.

ARTICLE XXXVI.

Vertus & Proprietez principales de l'Onguent divin.

IL mondifie fort, & fait revenir la chair nouvelle, ſans faire corruption à la playe.

Il unit les nerfs coupez ou caſſez en quelque maniere que ce ſoit.

Il guerit toute enflure : ſi quelqu'un avoit la teſte enflée outre meſure, il faut raſer les cheveux avant qu'y mettre l'emplaſtre.

Il guerit les Arquebuſades, & éteint le feu qui en provient.

Il fait ſortir le plomb, & le fer des playes, & tous corps étrangers.

Il guerit auſſi les coups de fleches, & attire les os rompus, s'il y en a dans le corps.

Il guerit toute morſure de beſtes venimeuſes & enragées ; car il attire ſubitement le venin.

Il guerit toute ſorte d'apoſtume de glande, le chancre & fiſtule.

Il guerit des Eſcroüelles, & humeurs froides, & de la taigne.

Il guerit de la Peſte.

Il eſt bon pour toutes ſortes d'ulceres tant vieilles que nouvelles.

Il est excellent pour le farcin des chevaux, en faisant percer le bouton avec un fer chaud, & raser le poil de la largeur du bouton, y versant dudit onguent fondu.

Il est aussi excellent & indubitable pour les clous de ruë des chevaux, en le faisant un peu fondre dans une cuillere aprés que le mal aura esté découvert.

Il est bon pour la teigne des enfans: il faut raser les cheveux avant qu'y mettre l'emplastre.

Il est bon pour les hemoroïdes tant internes qu'externes, en relevant l'emplastre en ses necessitez, puis la remetant,
Plusieurs s'en sont servis heureusement au mal de dents, en l'appliquant sur la tempe, ou derriere l'oreille.

D'autres ont gueri de rhumatisme en l'appliquant sur la nuque du col : il sert aussi aux autres douleurs du corps, l'appliquant sur le mal.

Quand on se trouve menacé de paralysie, si on se sert de cet amplastre, on se trouvera bien-tost gueri : car il fortifie fort les nerfs affoiblis.

Il est bon pour les fistules qui viennent au coin de l'œil, & toutes autres fistules.

Il est bon aussi pour les fistules restées aprés qu'on a esté taillé de la pierre.

Il est bon pour les tayes des yeux, & tous autres maux d'yeux, on ferme les paupieres, & on y applique l'emplastre par dessus, l'espace de 15. jours ou davantage.

Il arreste le sang d'une coupure incontinant, en essuyant le sang, & appliquant cette emplastre bien chauffée au feu.

Il est bon pour les louppes, laissant long-temps cette emplastre dessus.

Il est aussi excellent pour la brûlure, il faut d'abord laver la brûlure avec du vinaigre & du sel, & puis mettre une emplastre dudit onguent. Il faut mettre dans deux cuillerées de vinaigre, six grains de sel écrasé, & le faire un peu tiedir, pour fondre le sel.

Fait cesser les douleurs *des gouttes*, appliquant une emplastre sur les parties affligées.

Il guerit tous maux de teste, *migraines, vertiges, folies*, mettant une emplastre sur le haut de la teste, de la largeur de la couronne d'un Prêtre, & purgeant des remedes des Pauvres.

Plusieurs on esté gueris, *du mal Caduc, Escroüelles, Rumatismes*, & autres maux, inveterez, & opiniâtres, faisant ce que dessus.

Il est bon aussi pour les maux qui arrivent aux mammelles des femmes.

2. Enfin il est encore bon à beaucoup d'autres maux, comme on l'éprouve tous les jours : & il y a eu plusieurs personnes ausquelles on estoit prest de couper la jambe, la main ou autres membres, lesquelles par l'operation & l'application de cet Onguent, sans faire autre chose, ont esté entierement gueris, n'ayant point esté besoin de leur couper ny jambe, ny main, &c. *Comme il se voit par les Relations cy-dessus.*

ARTICLE XXXVII.

AVERTISSEMENT.

Il faut se servir de personnes intelligentes, & charitables pour faire cet Onguent, & qui l'ayent veu faire à Paris, s'il se peut. Si par ignorance, par avarice, ou par malice, pour le décrier, on ne le faifoit pas comme il est dit, cela feroit beaucoup de mal, aigriroit les playes, & causerit la mort.

ARTICLE XXXVIII.

Pour guerir les maladies curables de toutes sortes de Bestiaux.

UN Gentil-homme à la Campagne, grand ménager & charitable, guerit tous les maux de ses bestiaux, & ceux de ses voisins par les remedes qui suivent; voicy fon memoire : Aux pauvres, il donne les remedes gratuitement ; & du riche il prend ce que les remedes coûtent, M. le Mareschal de Bellefonds, entr'autres, en use pour fes chevaux avec fuccez, comme il a efté dit.

M. du Lifcouet, proche Lefneven en Bretagne, a fauvé un cheval abandonné, L'Intendant de M. l'Evefque de Senez, a fauvé fa Mulle qui fe mouroit. M. Rouffeau Preftre a refuffité la Vache d'une pauvre Fille devote, qu'on croioit morte, dont elle nourriffoit fa Mere infirme.

Bœufs, Vaches, Taureaux.

S'ils font enflez, s'ils ont mal à la tefte, aux yeux, à la bouche, à la langue, aux tefticules ; s'ils ont la colique, le piffe-fang, flux de ventre, ou autre mal ; s'ils font conftipez, morfondus, ou roigneux, vous les guerirez infailliblement & promptement, leur baillant une medecine compofée comme il fuit, dans la naiffance du mal ; quand il eft inveteré, la cure eft plus longue.

Prenez 2. onces de la pafte jaune pulverifée, dont eft parlé cy deffus, Chap. 3. & le poids de 4 écus d'or de fené, & deux onces de poivre en poudre ; mettez le tout en une pinte de drogue, de vin, ou de cidre tiede, baillez avec la corne comme aux chevaux ; tenez l'animal couvert bien chaudement dans l'étable, fans manger trois heures devant, & trois heures après la medecine, au bout de ce temps-là, donnez luy à boire de l'eau blanche qui foit tiede.

Nota, 1. Que l'animal guerira plus promptement, & plus feurement, fi on luy baille un lavement, compofé comme la medecine cy-deffus.

Ce lavement fe baillera incontinent après qu'on aura baillé la medecine par la bouche.

Nota. 2. Pour les grands chevaux de Caroffe & beftes bovines de la grande origine, & ceux mefme de la petite origine ; La cure fera infaillible, fi on leur donne par la bouche, une pafte jaune en entier, pulverifée dans une decoction, comme deffus ; comme fait ledit Seigneur Marefchal de Bellefonds..

Nota. 3. Qu'il faut tenir ces beftes bien chaudement, & fi le mal eft long, les couvrir d'une efpece de matelas embouré de paille d'avoine, & piqué ; cette bale d'avoine a une vertu fpecifique pour la guerifon des Bœufs, Vaches, Chevaux, & autres beftiaux.

Pour les jeunes beftes fous un an, vous ne leur baillerez que la moitié de la medecine. Quand vous la leur bailleriez toute entiere, la cure fera plus prompte, quelque grande que foit la dofe, elle ne faira jamais de mal.

Aux Vaches qui ne peuvent véler, la dofe du remede cy-deffus les fera véler promptement & facilement, & leur fera rendre la riere-faix, fi on ne peut leur donner de lavement, donnez tout par la bouche.

Aux fraiches vélées, ladite medecine leur fera avoir abondance de lait, & retenir feurement quand on les menera au Taureau.

Quand on mettra à engraiffer Vaches, Bœufs ou Genices, leur baillant la medecine cy deffus, ils engraifferont en moins de temps & beaucoup mieux : comme auffi toutes fortes d'autres animaux.

Chevaux, Cavalles, Poullains, Afnes, & Mulets.

Ils font fujets à tous les maux des beftes bovines : pour les guerir, baillez-leur la medecine, & en la mefme forme que deffus, & ils gueriront tres-affurément.

Pour la Gromme le Cheval guerira promprement, & luy viendra belle encolure, le purgeant comme deffus.

Morve naiffante guerira parfaitement, & tous les maux des yeux venans de defluxions, purgeant auffi comme deffus, & baffinant les yeux de l'eau dont fera parlé cy-après, pour les maux des yeux. Ou leurs foufflant dans les yeux tous les jours, demy dragme de couperofe blanche, mélée avec la moitié moins de Ver-de-gris pulverifé.

La Cavale qui ne pourra pouliner fe délivrera promptement, fi on luy baille la medecine

decine cy-deſſus, & le poulain en ſera plus ſain.

La Cavale fraiſche poulinée, ſi on luy baille ledit remede aura plus de lait, entrera pluſtoſt en chaleur, retiendra plus ſeurement, & ſon Poulain en ſera plus beau.

L'Etalon doit eſtre purgé comme deſſus, quinze jours avant de commencer ſa monte & quinze jours aprés l'avoir finie ; il en ſera plus vigoureux, durera davantage, & les Poulains ſeront plus beaux.

Les avives ſe gueriront parfaitement, purgeant le Cheval comme deſſus, aprés les avoir arrachées avec la lancette en la forme ordinaire.

Le farcin ſe guerit radicalement, purgeant comme deſſus, appliquant le feu deſſus le bouton, & puis une emplaſtre d'Onguent divin, comme eſt dit cy-deſſus, & le farcin ne reviendra point, purgeant le Cheval deux fois l'an, au Ptintemps & en l'Automne, en pleine Lune.

Qui voudra engraiſſer le Cheval, ou le mettre au verd, qu'on le purge comme deſſus, il profitera au double, l'experience l'a appris, & tout ce que deſſus.

Brebis, Chevres, Veaux.

Toutes leurs maladies ſeront gueries, comme *peſte, podagre, rogne, étourdiſſement, poux, difficulté d'haleine, enflure, venins & fievres, poiſons*, &c. leur baillant *quatre onces* de vin trempé, qui eſt la moitié de la demi-chopine, appellée, demi-ſeptié à Paris ; avec le poid. de 18. grains de fourment de la paſte jaune, & il faut, comme on a dit pour les bœus & chevaux, les tenir auſſi couverts bien chaudement dans l'eſtable, trois heures devant, & trois heures aprés la medecine ; s'ils vomiſſent, deux heures aprés le vomiſſement, leur bailler une ſeconde medecine, où l'on ne mettra que la moitié du vin & des drogues cy-deſſus.

Quand on voudra les faire engraiſſer, qu'on les purge, & ils engraiſſeront plutoſt & deviendront plus gras : qu'on faſſe l'experience, purgeann les uns, & ne purgeant pas les autres.

Celles qui ne pourront agneler ou chevroter, qu'on les purge, & elles ſe délivreront promptement, rendront l'arriere-faix, & auront plus grande abondance de lait.

Chiens, Pourceaux.

Les maladies des Chiens gueriront, comme *rage, peſte, gale*, & *maux de cœur*, leur baillant pareil remede qu'aux brebis, & les tenant chaudement, & gouvernant comme leſdites brebis.

Item, Les Pourceaux gueriront de *la peſte & de la lepre*, & *de toutes autres maladies*, leur baillant pareille medecine qu'aux Chiens, & les gouvernant de meſme, les tenant chaudement enfermez, ſans leur bailler à boire ny à manger trois heures avant la medecine ; & trois heures aprés, & leur baillant de l'eau blanche tiede.

S'il leur arrive de vomir, comme cela arrivera à la pluſpart des Chiens & des Pourceaux, deux heures aprés le vomiſſement on leur baillera une ſeconde medecine où l'on ne mettra que le quart du vin & des drogues cy-deſſus ; une heure aprés cette ſeconde medecine on leur baillera de l'eau tiede & blanche, & on les tiendra chaudement, comme deſſus.

Pour avoir de beaux pourceaux, en grand nombre à chaque portée, les empeſcher de devenir ladres, & faire qu'ils engraiſſent promptement, il faut purger la Truye en faiſant ſes cochons, ou du moins avant de la mener au Verrat, purger le cochon quand il aura un an, & quand on l'enfermera pour l'engraiſſer.

Item, il eſt à remarquer que pour prevenir les maladies, c'eſt un remede ſouverain de purger toutes ſortes d'animaux, comme deſſus une fois l'an, au mois d'Avril, en pays chaud, & en pays froid, en pleine Lune, & leur froter la langue de ſel, de vinaigre & d'ail comme aux chevaux.

Item, pour les garentir des maladies qui ſe communiquent, il faut les purger tous,

& parfumer les écuries & étables avec du soulphre qu'on fait brûler dedans, les portes & fenestres estant bien fermées.

Le parfun du Pere Capucin contre la Peste, a encore plus de force; son livre en dit la compositon, il se vend 20. ou 30. sous à Paris ruë S. Iaques.

Item, quand il arrivera d'avorter, à quelque sorte de bestiaux que ce soit, il faut les purger promptement comme dessus, aucun ne mourra, & reprendront leurs forces incontinent.

Item, pour donner ces remedes commodement & sans danger de verser, il faut les bailler avec la corne à toute sorte d'animaux, comme on fait aux chevaux.

Item, quand les bestiaux ont mal à la bouche, outre les purgations, il faut se servir du ferrement, & leur frotter la bouche & la langue, comme est dit cy-dessus, de sel, de vinaigre, & d'ail: qui les gouvernera de la sorte, ils multiplieront au double, croistront, engraisseronr, & produiront du profit beaucoup plus qu'à l'ordinaire. Cela se voit par experience chez ceux qui le font.

Item, pour tous maux de ventre, retentions d'urine, enflure, poison, rage, & autres maladies des bestiaux: le remede est souverain de leur donner d'abord un lavement composé des mesmes drogues, & en mesme quantité que leur medecine, & en mesme temps qu'on leur aura donné ladite medecine; dés que le remede aura operé, les douleurs cesseront, sans lavement ils gueriront, mais non pas si promptement.

Nota, Que toutes sortes d'animaux gueriront promprement, si on leur donne les remedes cy-dessus, dans la naissance du mal: la guerison n'est pas assurée quand le mal est inveteré: il est trop tard d'appuyer la maison quand elle est quasi tombée par terre.

L'année 1680. Il mourut plus de 4. mille chevaux de dissenterie, dans l'Alsace, & des milliers de Soldats, on les auroit sauvé tous, si dans la naissance du mal, on les avoit traitté comme est dit cy-dessus.

Cette année 1681, La Peste des animaux a fait un furieux ravage en diverses Provinces, M. Labour entr'autres, Chanoine à Mont-brison a écrit qu'il a sauvé tous ceux à qui il a donné de ces remedes pour les pauvres, & que les autres mouroient à Milliers, à qui on ne donnoit que des remedes ordinaires.

RTICLE XXXIX.

Pour se purger doucement sans vomir, sans colique ny tranchée, ny sans garder le lit, que la nuit.

QU'on prenne le soir en se couchant quatre heures aprés avoir mangé *dix-huit grains* de la paste blanche: qu'on dorme là dessus, cela operera d'ordinaire cinq ou six heures aprés: à son reveil on prendra un boüillon, ou de l'eau, ou du vin. Le matin on prendra des boüillons de deux heures en deux heures: & on se tiendra au lit chaudement tandis que l'operation durera.

Nota I. Que si on est difficile à émouvoir, il faut prendre 24. grains, ou 36. il faut commencer par 18. pour connoistre son temperament.

Nota 2. Qu'il y en a qui se servent de cette purgatian tous les mois, pour se preserver de la goute, ou autres maux d'habitude: la meilleure medecine neanmoins, est de n'en prendre que le moins qu'on peut.

Nota 3. Que si les maladies sont violentes ou inveterées, pour guerir il faut vomir, & prendre les doses dont est parlé en *l'article* de chaque maladie.

Nota 4. Que pour guerir promptement & seurement, il faut avoir recours à ces remedes dans la naissance du mal, comme on a dit ailleurs: en 24. heures, il n'y a quasi point de maladies qu'on ne guerisse: quand la maison acheve de brûler, il est trop tard de courir à l'eau.

Nota 5. Que les particuliers qui distribuënt de ces remedes, quoyque riches & charitables doivent pour les raisons cy-aprés faire apporter du vin ou du cidre à tous ceux qui le peuvent, au double de ce qu'il en faut pour tremper leur medecine: ce qu'il y a de trop, on le garde pour le pauvre qui ne peut rien apporter.

Nota, 6. Cela se doit faire, parce qu'on a veu par experience, que plusieurs ont refusé de distribuer ces remedes dans leurs Paroisses, quoyque bien intentionnez par la crainte de la dépense dû vin ou de' cidre, ou qu'ils avoient honte de ne donner pas le tout gratuitement, comme d'autres qui le faisoient en d'autres Paroisses, moins riches qu'eux.

Nota 7. Pour y remedier, l'Evesque du lieu ordonna dans ses visites, que les distributeurs feroient à tous ceux qui le pourroient, apporter dequoy tremper leur medecine, & depuis cela, tout le monde s'est offert pour la distribution des remedes.

ARTICLE XL.

Bandages pour les pauvres à peu de frais, pour les descentes de boyau, de matrice, de fondement, du nombril, & flux d'urine, avec des figures pour apprendre aux pauvres à faire les Bandages.

ON en a fait un Livre à part, parce qu'on a esté obligé de faire des figures nuës, pour enseigner en quel endroit du corps il faut appliquer les bandages; & ces figures ne seroient pas bien seantes entre les mains de tous ceux qui peuvent lire, & & pratiquer ce qui est dit cy-dessus, des remedes purgatifs.

L'Assemblée charitable de Paris, envoya ce livre gratuitement, en 1671. comme elle y avoit esté conviée par l'Assemblée generale du Clergé de 1670 à tous les Evesques du Royaume, & l'addressa à leurs grands-Vicaires, avec priere de le donner à quelque Tailleur, Sellier, ou autre ouvrier, pour faire des bandages qu'ils pourroient vendre un peu cher aux riches, & les donner à bon marcher aux pauvres, *avec offre de leur envoyer des Bandages de chaque espece pour servir de modelle, le tout gratuitement.*

ARTICLE XLI.

1. *Que tous les Evesques, & Seigneurs des Parroisses peuvent procurer des remedes aux pauvres gens, sans qu'il leur en couste rien.*

2. Qu'ils y sont obligez à peine de *damnation*, suivant l'Evangile & les Ordonnances de nos Rois, comme il est prouvé cydessus.

3. Qu'ils en seront mieux payez de leurs rentes & revenus.

4. Que cela augmentera aussi les revenus du Roy de plusieurs millions, & luy conservera des milliers de soldats qui meurent, ou languissent dans les Armées & Garnisons, & sur les Vaisseaux, faute de remedes assurez, & à peu de frais, comme ceux des pauvres; ce qui couste au Roy, des frais immenses à rétablir tous les ans.

5. Que par ces remedes, encore, on sauvera la vie tous les ans, comme il a esté dit cy-dessus, à plus de quatre-vingts à cent mille paysans, & ouvriers, qui perissent faute de secours; à plus de 100. mille autres qui languissent; à plus de 40. à cinquante mille femmes, qui meurent en travail d'Enfant, ou de maladies pendant leurs couches, & leurs enfans souvent sans Baptesme. Et enfin, qu'on sauvera plus de 4. à 500. mille bestes à laine, & autres animaux, qui meurent aussi tous les ans dans le Royaume, faute des remedes asseurez & à peu de frais; lesquelles maladies, & mortalitez ruïnent un nombre incroyable de familles, qui ne peuvent payer *la taille, ny les rentes deuës aux Seigneurs & proprietaires des terres & des maisons, dans les Villes.*

On voit la preuve de tout ce que dessus, dans le traité d'un Missionnaire, rapporté cy-devant, page. 15.

ARTICLE XLII.

Vaisseaux, Matelots, leurs maladies.

Le moyen de les en guerir, & preserver.

1. Les Remedes des Pauvres sont soverains pour les gens de Mer comme il se voit à *Marseille*, tous autres remedes perdent beaucoup de leur force sur la Mer.

2. Pour garentir l'équipage de toutes maladies, faites tremper la paste noire 24. heures dans 8. onces d'eau, & la faites prendre en 2 prises, le matin à jeun.

Pour rendre l'eau purgative, & preservera de tous maux, faites tremper pendant un mois, 12. pastes noires, enveloppées dans un linge & suspenduës dans une barique d'eau contenant 140. pintes mesure de Paris, & de Bordeaux. Vos 12. pastes pourront tremper un an durant sans perdre leur force, on pourra faire de la soupe de cette eau qui ne changera ny de goust, ny de couleur, en boiteavec du vin, ou toute cruë le matin à jeun, & elle guerira & preservera de toutes maladies populaires. Il n'en coutera qu'unécu par chaque barique, pour la rendre purgative.

ARTICLE XLIII.
QVE LE ROY.

A fait envoyer de ces Remedes pour les pauvres, par Monsieur Pellisson Maistre des Requestes & Abbè, à plusieurs de Messeigneurs les Evesques qui en ont demandé, Curez, Missionnaires, Gouverneurs de Province, Intendans, Hospitaux, Sœurs grises de la Charité, & autres marquez cy-dessus. Et en donne à tous ceux qui en demandent pour soulager les pauvres.

Pour en avoir au continu, ils feront ce qui suit.

1. Ils feront publier aux Prônes des grandes Messes, qu'on les distribuëra *gratuitement*, en tel endroit, & à telle heure, aux pauvres gens du lieu & des environs, à la charge de prier Dieu tous les jours pour la santé du Roy, & de la Maison Royale, de quoy on les avertira tous les Dimanches au Prône.

2. Pour leur persuader la bonté des Remedes, on lira ausdits Prônes, ce qu'on jugera à propos du Chapitre second du Livre de l'usage de ces Remedes & des Relations envoyées dans les Diocese, contenant diverses Cures surprenantes, qui tiennent du Miracle, attestées par plusieurs de Nosseigneurs les Evesques, Medecins charitables, & par l'Assemblée generale du Clergé de 1670. *On publiera aussi principalement les Cures faites sur les lieux.*

3. Le distributeur tiendra un journal des malades à qui il baillera de ces remedes, & des Cures qu'ils auront operées, & de 3. mois en 3. mois, il envoyera un extrait de ces Cures extraordinaires, à M. Pelisson, *moyennant quoy il continuera à leur procurer des des remedes de la part du Roy, & non autrement.*

4. Ceux qui voudront de ces Remedes, doivent écrire à M. Pelisson pour en obtenir du Roy, *& pourront addresser leurs Lettres à l'Avocat General des Pauvres, chez M. le Curé de S. Sulpice à Paris: Ils pourront aussi luy adresser la Relation de leurs Cures.*

5. Ceux qui ne voudront point en demander, les Medecins en font vendre à Paris, *sur le Quay des Augustins au bon Pasteur, & rendent l'argent, s'ils ne se trouvent pas*

de la.

de la bonté que dit ce livre; à la charge de faire, ce qui sera dit cy-aprés, en la dernier page.

MADAME FOVQVET.

DIVERS REMEDES,

qui operent doucement. Ils sont de l'illustre, & charitable *Madame Fouquet*, en son vivant, la plus charitable des femmes.

SA memoire sera éternelle devant Dieu, & devant les hommes; elle estoit femme d'un grand Conseiller d'Estat, & mere d'un grand nombre d'enfans, élevez aux premieres dignitez du Royaume. Il y en avoit qui estoient Abbez, Evesques, Archevesques, &c. Mais pour elle, elle a toujours vécu simplement, en vraye chrétienne, elle ne bougeoit du logis, distribuant des remedes dans Paris, & à la campagne, à tous le pauvres gens qui avoient recours à elle, & pensoit leurs playes elle-mesme. Elle a continué ce saint exercice, toute sa vie, elle a vécu 80. tant dannées. *Elle n'alloit, ny au Bal, ny à la Danse, ny à la Comedie, ny à l'Opera, & ne se coiffoit point à la fontange.*

2. Venons à ses remedes. Pour vous purger doucement; Prenez demy-once de graine de violette, concassez le tout entre deux linges, faites-les tremper dans 8. onces, d'eau, ou de vin blanc, pendant 12. heures, pressez un peu cette graine pilée, prenez le tout le matin à jeun, prenez des boüillons ensuite, comme si vous aviez pris une medecine de Sené.

Emorroïdes.

Pour faire cesser premierement les douleurs des *Emorroïdes.* Prenez de l'herbe au *Chat*, pillez-la entre 2. linges, & mettez le marc, & le linge, sur la partie malade.

TYSANNE.

Dont le Sieur de SAINTE CATHERINE Medecin se servoit, qui par son usage a vécu sainement 120. ans. Il en prenoit 3. fois l'an, pendant 8. jours à chaque fois, incontinent aprés Pasques, pendant la Canicule, & sur la fin d'Octobre.

1. Cette Tysanne prise, comme dessus, preserve de toutes maladies, & guerit d'ordinaire les inveterées & languissantes en 15 jours.

2. Pour composer cette Tysanne, prenez un litron d'avoine mesure de Paris, ou bien 2. onces de *gruau*, qui est de l'avoine mondée, & une petite poignée de racine de chicorée sauvage, que vous ferez boüillir dans six pintes de bonne eau, jusques à la reduction de quatre pintes ou environ, puis vous y mettrez demy-once de *Crystal mineral*, avec quatre onces de miel blanc ou commun, que vous ferez boüillir encore demy-heure, & écumerez.

3. Vous y pourrez mettre un filet de vinaigre ou de verjus, & quelque brin d'herbe odoriferante, *Tin* ou *Serpoulet*, &c. suivant le goust du malade. S'il a la fiévre, il pourra en boire à sa soif, tiede ou froide à son choix. La tiede opere davantage.

4. Si c'est pour guerir de quelque indisposition inveterée, on prendra de cette Tysanne le matin en se levant une demye chopine, pesant 8. onces, le double & le quatruple, si on veut à petites verrées, suivant qu'elle operera, & ne manger que 3. ou 4.

heures aprés. Trois heures aprés le difner , & trois heures aprés le fouper , on prendra pareille dofe pendant 15. jours , ou trois femaines durant , & le mieux fera d'en
prendre jufques à parfaite guerifon , fi on fent du foulagement.

Pour guerir toutes Fièvres qu'on tremble.

1. Une heure avant l'accez on fe mettra au lit bien chaudement, fans chemife, enveloppé dans un linceul: On boira demy-ftié d'eau ou de tyfanne tiede, qu'on appelle
demy-chopine dans les Provinces, pefant *huit onces* On mettra aux pieds une bouteille
de terre de deux pintes pleine d'eau chaude; en forte que la main puiffe la fouffrir : On
mettra auffi fous chaque aiffelle une bouteille de terre de pinte pleine d'eau chaude;
fi le friffon vient , dés qu'on le fentira, qu'on boive encore huit onces d'eau tiede,
qu'on ne boive point d'eau ny de tyfanne froide pendant l'accez , d'ordinaire on n'a
point de foif , ayant fait ce que deffus.

2. Qu'on demeure dans fa fueur pendant tout l'accez fi on peut, aprés cela on s'ef-
fuyra , & on prendra un boüillon gras ou maigre , comme le pauvre l'aura , quand
ce ne feroit que de l'eau tiede, cela fera le mefme effet, & une heure aprés on pourra
manger fi on a faim.

3. Plufieurs gueriront dés la premiere fueur ; neanmoins pour empefcher la recheute , il faut fe faire fuer comme deffus, au jour & à l'heure que l'accez fubfequent devroit prendre. Il n'y a point de fiévre que la troifiéme fueur n'emporte.

4. Il y en a qui fuënt difficilement ; fi les bouteilles d'eau chaude ne les excitent pas
affez , qu'on prenne trois pains d'un fou chacun tout chauds, qu'on les coupe par la
moitié, qu'on verfe de l'eau de vie fur la mye, qu'on mette ce pain avec les bouteilles
aux pieds, aux aiffelles , fur l'eftomac, & fur le nombril. Un pain feul peut fuffire ,
mettant la moitié fur l'eftomac & le refte aux pieds.

5. Si on eftoit en lieu fi pauvre qu'on n'eut pas dequoy avoir ny bouteilles, ny pain,
ny eau de vie, fi on a des écuelles de bois ou de terre, qu'on les faffe boüillir dans l'eau,
& qu'on les mette bien chaudes aux pieds , fous les aiffelles , fur l'eftomac , & le
nombril , & qu'on y remette de chaudes quand les premieres refroidiront. On parle-
ra cy-aprés d'une autre façon de fuer dans un Tonneau , qui eft la meilleure , & la
plus facile.

6. Voicy un autre remede fans fuer qui ne coufte pas 5. fols, pour guerir toutes fiévres qu'on tremble, à la referve de la *quarte*, qui neanmoins guerit quelquefois.

Prenez le poids de deux écus d'or *d'encens* en *larmes* pulverifé , de *fafran* , le poids
de dix grains , de *fel* le poids de deux écus d'or , & de la *fuye* de cheminée, le poids de
10 écus d'or, le jaulne d'un *œuf* frais du jour, incorporez le tout avec un filet de vinaigre.

Quand il fera en confiftance d'Onguent , étendez-le fur des bandes de linge de 3.
doigts de large.

Faites-en deux bracelets que vous coudrez fur les deux poignets du malade, demy-
heure avant l'accez , & les y laiffez , neuf jours fans les lever, quand bien le malade
feroit guery, qui le fera d'ordinaire avant ce temps-là. Il eft bon de ne faire l'onguent,
que lors qu'on s'en veut fervir, il a plus de force.

7. Pour guerir la *quarte* , prenez le poids de deux écus d'or de poudre à canon ,
détrempé dans un filet de vinaigre , appliquez-le en la forme cy-deffus fur le doigt,
qui joint le petit doigt de la main gauche , & le laiffez neuf jours , *on m'a dit que le
remede eft excellent ; je ne l'ay pas experimené. Je fuis affeuré de tous les autres contenus
en ce memoire.*

Rumatifmes , Paralyfies , Goutes fciatiques. Toutes douleurs de nerfs.

1. Les pauvres gens de la campagne y font fort fujets, à caufe de leur grand travail.
On les fera fuer comme deffus, le meilleur fera pour ces maux opiniaftres, de les faire fuer dans un Tonneau couvert, avec de l'eau de vie dans une écuelle de terre où
l'on met le feu que le malade remuë avec un bafton. En un moment on eft tout en
fueur, il n'en coufte pas *cinq fols.* Tous les maux cy deffus dans leur naiffance gueriront *radicalement* dés la premiere fueur , fi le jour precedent on s'eft purgé de ces remedes Royaux pour les pauvres, en la forme que dit le Livre.

2. Les inveterées, souvent, gueriront aussi radicalement; du moins, on sera des six mois, & des années sans s'en ressentir. Si on ne suë point dans le Tonneau, il faut suer deux ou trois fois, comme dessus pour la fiévre. La sueur du Tonneau guerira aussi plus promptement les fiévres.

3. On entrera nud dans le Tonneau, on s'asseoira sur un escabeau, & on prendra huit onces d'eau tiede, comme dessus pour la fiévre. Mais le meilleur est de faire ce qui suit, prenez bois de *Buys*, de *Laurier*, & de *Genévre* de chacun *une once*, coupées par tranches; faites infuser le tout 24. heures dans trois chopines d'eau, que vous ferez boüillir jusqu'à la reduction d'une pinte, sur la fin, vous y mettrez un peu de feüilles de cerfueil, & d'écorce de citron non confite, *si vous en avez*, & en donnerez *huit onces* au lieu d'eau chaude pour exciter toutes sueurs; si vous ne pouvez trouver commodément les trois sortes de bois cy-dessus, prenez *trois onces* de celuy que vous trouverez, celuy de *Buys* est le meilleur, il fait tous les mesmes effets que le *Gajac*, qu'on va querir si loin dans les Indes, & à si grands frais.

4. Si aprés la la sueur, il reste quelque ressentiment dans la partie malade, qu'on mette une *Cyroine* dessus : Pour la faire, qu'on fasse fondre de la poix de Bourgogne, qu'on l'étende sur un cuir délié de la grandeur du mal, qu'on l'applique dessus, & qu'on l'y laisse, qu'elle ne se détache d'elle-même.

5. Au lieu de cette sorte de Cyroine, un amplastre *d'Onguent divin*, est souverain: il guerit bien plûtost, & plus seurement, il est miraculeux pour tout plein d'autres maux, comme il est dit dans le Livre des Remedes Royaux pour les pauvres,

Cours de Ventre.

1. Prenez de la graine de *sureau*, concassez-là, & en exprimez le jus, & en détrampez avec de la farine, dont vous ferez de petits pains que vous ferez bien cuire au four. Il est bon de purger qu'il y ait fiévre ou non; le lendemain donnez à jeun le poids d'un écu d'or de ce pain en poudre avec quatre cuillerées de gros vin clairet chaud, & une cuillerée de sucre

Autre remede pour ceux qui sont un peu accommodez.

2. S'Il n'y a point de fiévre on guerira en six ou sept jours au plus tard, quelque irrité & inveteré quil soit, faisant ce qui suit. Si le malade a appetit, qu'on luy baille quatre potages, par jour de chopine chacun, qu'on y mesle un jaune d'œuf & quatres onces de pain blanc en chacun si on en a; & plus si le malade a faim, si on peut qu'on mette aussi 2. onces de sucre en chaque potage, qu'on ne mange & qu'on ne boive point autre chose, on n'aura point de soif; qu'on se tienne au lit, ou du moins en lieu bien chaud. S'il y a fiévre elle cessera en un jour ou deux, prenant ce purgatif *des remedes des pauvres* qui guerissent aussi parfaitement tous maux de ventre, à moindre frais que tout autres remedes.

3. Si le malade avoit soif, entre ses repas, ce qui n'arrivera, guere qu'il boive du lait tiede.

Colique.

1. Prenez un lavement, composé comme on dira cy-aprés, qui ne revient pas à un sou.

2. Meslez dans un verre 4. cueillerées d'huile, 4. d'eau rose, 4. de gros vin clairet, & 4. de sucre, meslez le tout & l'avalez, mettez sur le nombril une écuelle chaude, comme sera dit cy-aprés, & vous tenez au lit chaudement, vous serez bien-tost guery.

3. Si vous estes en lieu si pauvre que vous ne puissiez faire les remedes cy-dessus; faites boüillir une écuelle de bois, ou de terre dans l'eau ou chauffez celle de terre sur les charbons, imbibez-là par dedans d'une cueillerée d'huyle telle que vous l'avez, apppliquez-là sur le nombril & y en remettez de chaudes que la douleur n'ait cessé, l'huyle de noix est la meilleure, si vous prenez de ces *remedes pour les pauvres*, toutes douleurs cesseront en une heure.

Diſſenterie.

1. Prenez cette compoſition d'huile, d'eau-roſe, &c. comme pour la colique, & toutes tranchées ceſſeront.

2. S'il n'y a point de fiévre, faités ce qui eſt dit pour le cours de ventre, & vous ſerez bientoſt guery, perſonne n'en moura prenant cette compoſition d'huile, d'eau-roſe &c. dans la naiſſance du mal, ſi on a de ces remedes *pour les pauvres*, qu'on s'en ſerve : ils ſont bien plus aſſeurez, & plus prompts que tous autres.

Lavement qui ne revient pas à un Sou.

1. Si c'eſt pour rafraichir ſeulement ; ſur une chopine d'eau tiede mettez ſix cueillerées de vinaigre, qui diſent trois onces

2. Si c'eſt pour purger, mettez dix cueillerées de vinaigre, & de ſel le poids de 2. écus d'or, ſi la conſtipation eſt extraordinaire, mettez *ſeize* cueillerées de vinaigre, & autant d'eau, & 4 onces d'huile ou de miel.

3. Si on a des tranchées ne mettez point de vinaigre avec l'eau, mettez 4. onces de miel, & 4 onces d'huile, celle de noix eſt la meilleure.

4. Si c'eſt pour retraindre, faites décoction de ſon ou d'orge avec deux onces de miel, & de deux jaunes d'œufs.

5. Si c'eſt pour appaiſer les douleurs de la diſſenterie, prenez une chopine de lait, avec trois pincées de graine de lin, & deux jaunes d'œufs

Suppoſitoires.

1. Pour les enfans & adultes, prenez du ſavon, ou la coſte d'un chou, frotée de beure ſallé.

Voicy un ſuppoſitoire qui vaut un lavement qui ne coute pas un double ; prenez un morceau de bougia long comme le doigt, & le frotez de fiel de bœuf ſeché à la cheminée, détrempé avec un filet de vinaigre & trois grains de ſel. Dans un fiel de bœuf qui ne couſte rien, les Bouchers le jettent, il y a dequoy faire pluſieurs centaines de ces ſuppoſitoires.

POVMON QVAND IL SEROIT VLCERE'.

Pour le guerir & les maladies de la Poictrine.

ARTICLE XLIV.

1. Le 11. Septembre 1674. La R. Mere Françoiſe de la *Vienniere*, Religieuſe Benedictine *en la Ville du Chaſteau du Loir*, écrivit à l'Advocat general des pauvres, qu'à 22. ans elle tomba malade du Poumon, qu'elle fut fort mal, 8. ou 9 ans, qu'elle crachoit du pus & du ſang, qu'elle avoit une toux continuelle, qu'elle crachoit auſſi quelquefois comme de petites pierres, & que ſouvent on l'avoit creuë morte. Que tous les remedes ordinaires ne l'avoient pû ſoulager, & qu'enfin elle avoit eſté guerie il y avoit 8. ans par le remede qui ſuit.

COMPOSITION,

1. Il faut prendre de la *Poulmonnere*, qu'on trouve aux vieux cheſnes, (*gros comme la teſte*) la bien laver & éplucher ; mettre deſſus 3. pintes d'eau dans une cruche de terre, non plombée ; faire boüillir le tout juſqu'à la reduction de 3. chopines.

2. Paſſer le tout par un linge blanc, ſur chaque chopine, mettre demy-chopine, de bon miel, blanc, ou de Narbonne ſi on en a ; on fera boüillir la decoction avec le miel, un demy-quart d'heure, & on l'écumera.

VSAGE

VSAGE DE LA TISANE.

1. Qu'on en prenne un bon verre tous les matins jufques à parfaite guerifon, c'eſt à dire prés de demy-chopine pefant 8. onces. On ne mangera point 3. heures après, cette prife de Tifane.

2. Le foir on prendra pareille dofe, 3. heures après le fouper.

3. Qu'on ne boive point de vin, ou tres peu, qu'on le trempe du moins avec de la tifane d'orge.

4. J'ay ufé de cette tifane un an durant; au bout de 2 mois, je fus fort foulagée; au bout de 8. mois & demy, jefus parfaitement guerie.

5. Cette Tifane lafche le ventre, purge la poitrine & pendant qu'on en ufe, il ne faut point prendre d'autre remede. Je prie Dieu, &c.

Nota. Que les perfonnes qui ont la poitrine foible, ou qui font menacées du poulmon fe garantiront, ufant de cette Tifanne tous les ans, en la forme cy-deſſus, tout le mois de May, & tout le mois de Septembre.

AVIS.

1. Il y a deux fortes de Poulmonere, la premiere & la meilleure, eſt celle dont eſt parlé cy-deſſus, qui croiſt contre l'écorce des vieux chefnes, en forme de Poulmon.

2. La feconde eſt une herbe qui vient dans les bois, dont on fe fait quand on ne peut avoir de l'autre.

Ce memoire eſt fait pour eſtre envoyé à tous les Hofpitaux du Royaume. Le Sené, ny la Rubarbe ne gueriſſent point les malades du Poulmon, il y aura bien de la charité de leur faire cette tifane; qui operera bien toſt, fi on les purge d'abord par les remedes des pauvres.

ARTICLE XLV.

BAUME NATUREL.

Vertus du Baume naturel, pour les pauvres, qui eſt l'eau d'Ormeau, avec les experiences d'un Gentil-homme qui en penfe les pauvres gens.

1. IL guerit toutes les playes de tranchant fraichement faites; toutes teſtes bleſſées, ou autres membres de coups d'épée, de bâtons, de pierre, ou autrement. Il faut étuver la playe, ou contufion avec fauge boüillie dans le vin, le tout chaud, froter ladite playe, ou contufion avec une plume trempée dans ladite eau d'Ormeau, ou en couler dans la playe fi elle eſt profonde, en forte qu'elle touche par tout, rejoindre les chairs avec un point d'éguille, s'il y a diſſolution; y ajouter une compreſſe trempée dans ledit Baume; il n'y viendra ny pus ny fluxion; & on guerira en 4. ou 5. jours. Mais pour joüer à jeu fur, il eſt bon d'y mettre dudit Baume 2. fois le jour, pendant les 2. premiers jours.

2. Que fi pour n'avoir pas touché par tout, il fe formoit du pus, ou quelque efpece de fac, en appliquant dudit Baume 2 fois le jour, il n'y a rien à craindre.

3. Une pauvre fervante à la campagne frappée d'un coup de pied de cheval au front, les fourcis eſtoient coupez, l'os découvert, à y mettre une piece de 30 fous. Le Baume y fut appliqué, un coup d'éguille donné, un linge moüillé dans ledit Baume deſſus avec une compreſſe, icelle compreſſe auſſi moüillée 2 fois le jour, elle continua d'aller garder fes beſtiaux, il ne s'y fit aucun pus, non pas mefme marque de meurtriſſure, & la playe eſt fi bien confolidée, que de deux pas on ne peut en connoiſtre la cicatrice.

4. J'ay guery depuis peu plus de 20. teſtes caſſées de la mefme forte; il y en avoit

mefme dont les arteres eftoient coupez, qui jettoient du fang plus de demy-pied de haut.

5. On guerit de la mefme façon, les jambes, quand la peau en feroit enlevée, & l'os découvert, fans garder le lict, ny craindre aucune fluxion.

6. Un Charpentier depuis peu, s'eftoit coupé d'un coup de hache le deffus de la main ; depuis la racine du pouce, jufques au petit doigt, les os eftoient caffez, les veines, & les nerfs en partie coupez, ils n'avoient aucun maniment : il fut guery en 5. ou 6. jours, fans eftre eftropié, cela a paffé pour miracle.

7. Ma femme s'eftant fait feigner, le Chirurgien mal-adroit luy picqua l'artere, qui eftoit ouvert extraordinairement, il arrefta le fang. Mais elle fentoit de grandes douleurs, & ne pouvoit dormir ; on y regarda au bout de 3. jours, on trouva le fang extravafé, & que le nefurifme eftoit formé, elle ne pouvoit étendre le bras. On y appliqua la fomentation bien chaude de la racine d'Ormeau, apreftée de la façon que fera dit cy-aprés, depuis l'épaule jufqu'au poignet : on relevoit ce cataplafme avant qu'il fut froid ; dans 3. ou 4. heures ces grandes douleurs ceffererent, elle fommeilla ; à l'endroit de la picqueure, pendant 10. ou 12. jours je luy mettois des compreffes 2. fois le jour trempées dans ledit Baume, & elle eft parfaitement guerie Dieu mercy, comme fi jamais elle n'y avoit eu mal. Une autre femme de noftre voifinage a efté guerie de la mefme façon. Je pourrois raconter icy des centaines de Cures extraordinaires.

8. Ce Baume a tant de force qu'appliqué chaud, il guerit toutes courbatures ; & fait auffi fendre les furos aux chevaux, fans ofter le poil ; & fait rejoindre leur fabot fendu de l'épaiffeur de deux écus blancs. Pour le farcin, cela guerit quelquefois, mais non pas toujours, mais cela guerit toujours, les furots, & courbatures, rejoint le fabot, & guerit toutes les autres playes des chevaux, bœufs & autres animaux : ce fera un grand fecours aux pauvres payfans de la Campagne.

La façon de cueillir & compofer le Baume.

1. Dans la feve de Juin, fandez l'écorce de la racine de l'Ormeau, ou coupez la pointe de fes branches, & les pliez, & y mettez des recipiens. Ou bien cueillez des veffies pleines d'eau, qu'on trouve fur ces arbres, dans ledit temps de la feve de Juin ; Mettez cette eau dans des fioles de verre double : laiffez-les expofées au Soleil jufques à fin de la Canicule. Mettez un lict de fel au deffous des fioles, pour mieux clarifier cette eau ; paffez la par un linge delié 5 ou 6. fois, de 5. jours en 5. jours, à commencer du jour que vous l'aurez ramaffée, & vous en fervez au befoin, comme eft dit cy-deffus : elle brufle un peu en l'appliquant, comme l'eau de vie, mais la douleur paffe incontinent ; elle penetre auffi tous bandages & ligatures, en forte qu'on en peut mettre des linges moüillez fur les bandages des membres rompus, fans les deffaire, & cela diffipera la fluxion, quand elle s'y feroit jettée, le faifant deux fois le jour. Quand on applique le linge moüillé fur la peau, s'il tient, pour le lever fans rien écorcher, il faudra appliquer deffus, un autre linge moüillé dans du vin blanc, ou eau de vie chaude. *Ce Cataplafme eft auffi excellent appliqué fur les membres foibles, ou attaquez de Paralifie, Rumatifme, &c.*

2. Si cette eau d'Ormeau venoit à vous manquer, prenez la feconde peau de la racine d'Ormeau, de la groffeur de 2. poings, concaffez le tout, mettez deffus 3. chopines de gros vin rouge mefure de Paris ; faites boüillir le tout à petit feu, jufques à diminution des 2. tiers, appliquez-le chaudement, il fera le mefme effet prefque, que l'eau d'Ormeau. L'experience m'en fait voir des miracles ; auffi bien que de l'eau. *La pinte de Paris pefe 32. onces.*

ARTICLE XLVI.

PLEURESIES.

Pour les guerir fans qu'il en coufte rien.

1. En efté, pilez la feüille du Cercifi d'Efpagne, ou Efcorfonnelle : en hyver pilez

la racine, & en tirez 3. onces de jus , faites la prendre au malade , cela le fera suër , & le mettra tout à nage.

2. Ce remede est encore excellent pour la plufpart des maladies des pauvres gens, particulierement fi vous y ajoûtez 3 goutes d'efprit de vitriol.

Cors aux pieds, & Durillons.

1. Vous les guerirez radicalement, les coupant 2. ou 3. fois, le plus prés que vous pourrez de la Pleine-Lune, avec un ganif , ou rafoir.

2. La plufpart gueriffent dés la premiere fois ; cela m'eft arrivé, j'en eftois incommodé il y avoit 10. ans.

3. Qui craint le ganif, ou le rafoir, qu'il faffe tremper fes cors , ou durillons , dans de l'eau tiede, & quand ils feront amolis, qu'il y applique une amplaftre d'Onguent divin , & l'y laiffe , que les cors & durillons ne foient devenus infenfibles, cela fera mourir la racine.

Gale , Gratelle , Dartres , Herefipeles , Poux , Farcin, des Chevaux ,

Et divers remedes qui fe vendent à Paris pour les pauvres gens , avec les livres qui enfeignent diverfes compofitions.

1. On vend fur le Quay des Auguftins au bon Pafteur , un fachet compofé d'une poudre, laquelle dure un jamais, qui portée au col, fur la peu, 2. ou 30. jours, guerit infenfiblement, toutes gales, gratelles, dartres, herefipeles, & le farcin de Chevaux , fouvent appliqué deffus la nuque du col, aprés avoir rafé le poil, & empefche la generation des poux

2. Le fieur *Rabel* vend auffi divers bons remedes , ruë de l'Arbre-Sec , chez un Epicier.

3. L'Abbé *Aubry*, derriere les Carmes Defchauffez.

4. Le fieur, *faint Marc Preftre*, derriere l'Eftrapade.

5. Un Patifier à la porte de Paris, vend des Macarons purgatifs , dont la prife coute 5. fous.

6. Au bout du Pont neuf, fur le Quay des Auguftins, fe vend le *Veritable Orvietan*, fouverain pour la plufpart des maladies , de hommes, & des animaux.

7 L'eau cy deffus qui eft fouveraine pour tous les maux des yeux , eft deuë à Madame Fouquet.

8. L'Onguent divin luy eft auffi deu.

LIVRES

Qui enfeignent diverfes compofitions faciles, & à peu de frais.

1. Le Medecin, & Chirurgien des pauvres, par l'illuftre & charitable M. du *Bé*, Docteur en Medecine, & qui exhorte fes Confreres d'affifter tous les pauvres du Royaume, d'une façon aifée, & facile. Son livre fe vend 25. fous , en la ruë S. Jacques.

2 Un livre de divers fecrets qu'on attribuë à Madame Foucquet , fe vend 15. fous chez *Michalet* , Libraire , en ladite ruë S. Jacques.

3. Un autre qui enfeigne auffi diverfes compofitions , fe vend 15. fous , fur le Pont au Change , à l'image S. Michel.

ARTICLE XLVII.

OBJECTIONS.

Contre les remedes des Pauvres, & tout ce qu'on a dit cy-deſſus.

1. Que ce n'eſt que de l'Antimoine, qui eſt un poiſon, de quelque façon qu'on le prepare

2. Qu'il en eſt mort de ceux qui en ont pris ; & que ceux qui en prendront, toſt ou tard en creveront, fuſſe cent & un an aprés.

3. Que les Medecins condamnent ce remede, & ont écrit contre ; que toute nouveauté eſt dangereuſe.

4. Que des ignorans ſe meſlent de les diſtribuer ; qu'ils font plus de mal que de bien. Quand l'Antimoine ſeroit un bon remede entre les mains des ſçavans, qu'il devient un poiſon entre les mains des ignorans.

5. Que les Medecins en ſcavent la compoſition, & qu'ils ſont trop chers.

6. Qu'on les a alteré, qu'ils ne font plus les bons effets, que faiſoient les premiers, qui ont eſté canoniſez par l'Aſſemblée Generale du Clergé de 1670.

7. Que ces remedes ſont violens ; qu'ils font vomir ; Que le vomiſſement de l'Antimoine augmente ſouvent le mal que l'on veut guerir.

8. Enfin que ce remede n'eſtant que de l'Antimoine, comme il a eſté dit, qu'il eſt trop cher, quoy que chaque Medecine ne revienne qu'à un *ſou*, puiſque pour 5. *ſous* d'Antimoine, on peut purger toute une armée.

RÉPONSES.

Il ſuffiroit de dire, que ce ne ſont que quelques Medecins intereſſez, qui declament contre ces remedes des pauvres, de crainte que les riches ne s'en ſervent, voyant qu'ils gueriſſent promptement, & à peu de frais, chaque medecine ne revenant qu'à un *ſou* : Que c'eſt accuſer de menſonge, M. le Premier Medecin du Roy, & tous ces autres Medecins charitables, & grands Seigneurs de la Cour, dénommez cy-deſſus, qui en font diſtribuer dans leurs Terres, Hoſpitaux, & Paroiſſes de leurs Gouvernemens, & qui ont aſſeuſeuré Sa Majeſté qu'ils produſoient des effets merveilleux, *ſans jamais en cauſer de mauvais.*

Et enfin que décrier ce remede à preſent, que le Roy en fait donner *gratuitement*, à tous ceux qui en demandent pour ſoulager les *pauvres*, *c'eſt accuſer la conduite de* SA MAJESTE' *d'imprudence, & de malice, ſi on oſoit le dire, ſans blaſphême, de faire diſtribuer du poiſon, pour faire crever tous les pauvres de ſon Royaume, ſous pretexte de les vouloir guerir.*

Il ſuffiroit encore pour fermer la bouche à nos Medecins contrediſans, de dire que ſi les cures cy-deſſus marquées ſont veritables, que le remede eſt divin ; Que les cures ſont veritables car ſi elles eſtoient fauſſes, les Seigneurs qu'on dit les avoir atteſtées au Roy, feroient ſupprimer le livre qui en parle, & feroient punir l'Autheur, qui leur attribuë des fauſſetez.

CEPENDANT POUR RÉPONDRE D'ORDRE
aux objections cy-deſſus.

1. *Si le remede pour les pauvres n'eſt que de l'Antimoine,* puis qu'il guerit promptement, & à peu de frais, pour quoy eſt ce que les Medecins contre diſans, n'en donnent-ils à leurs malades ? De dire que l'Antimoine eſt un poiſon de quelque façon qu'on le prepare ; le remede des pauvres n'eſt donc pas de l'Antimoine puis qu'il n'a jamais en poiſonné perſonne, & n'a jamais produit aucun mauvais effet, comme il eſt prouvé cy-deſſus, par les Relations de tous ceux qui en diſtribuent depuis 12. à 13. ans.

2. De

2. *De dire qu'il en est mort de ceux qui en ont pris ;* Y a-t'il des remedes pour rendre les hommes immortels ? N'en meurt t'il pas de ces avalleurs de *Sené*, & de *Rhubarbe* Sera-t'il permis aux Medecins Galinistes, d'en tuer à centaines, & demander payement aprés l'occision ? Sans qu'il soit permis aux Medecins des pauvres d'en tuer quelqu'un de loin à loin, pour maintenir le Corps de Medecine en possession de tuaison, puisqu'elle dit en imposant les mains à ses Disciples : *Vade, & occide Caïn.* Mais raillerie à part, on voit par les Relations cy-dessus, que ces remedes n'ont causé la mort à personne, au contraire qu'ils en ont tiré plusieurs de l'Agonie ; & que ceux mesme qui sont morts aprés en avoir pris, l'usage des sens qu'ils avoient perdu leur est revenu, l'esprit, & le jugement pour recevoir les Sacremens, & faire leur Testament.

3. *De dire que les Medecins les condamnent, & ont écrit contre.* Il est vray que M. du *Bé* tres-illustre & charitable l'a fait : Mais en ayant veu les bons effets, il a retranché ce qu'il en avoit dit dans l'impression subsequente de son livre, intitulé, *Medecin des Pauvres*, qui est excellent, en son genre. Les disciples de *Galien*, écrivirent contre luy dés son vivant, pour avoir enseigné des remedes à peu de frais, en faveur des pauvres. *Hypocrate*, ne connoissoit point le *Sené*, ny la *Rubarbe*, & toute la Medecine declama contre, quand on commença à s'en servir. On en a fait autant, contre le *Quinquina*, & contre le *remede Anglois.* Qu'on change de nom au *Sené*, toute la Pharmacie s'élevera encore, tant les esprits mediocres sont entestez de leur routine. Contre l'Antimoine on a fait bien pis ; il a esté injurié autrefois, outragé, & vilipandé par la Faculté de Paris. Il y a 100. ans, quelle chassa deux de ses Confreres pour s'en estre servi, & dans nos jours pareille question s'estant meuë, & le procez estant porté au Parlement, à cause de quelques coups de poings donnez, 2. Commissaires de la Cour estans descendus aux Ecoles, de 100. Docteurs, 92. ont canonizé l'Antimoine, *& l'ont rétabli dans sa bonne fame & renommée.* Et cette année 1682. M. *Lamy* encore Docteur tres-sçavant & éloquent, a fait voir par un petit Traité, approuvé par le Doyen mesme & la Faculté, que l'Antimoine est un excellent remede. Par ce remede on a sauvé la vie à la Reyne dans une couche desesperée, & au Roy dans cette grande maladie qu'il eust en Picardie il y a trente ans. Depuis cela, il jouït d'une santé parfaite ; l'Antimoine donc ne fait crever personne aprés en avoir pris, & si on n'en creve, qu'aprés *cent & un an*, tout le monde en voudra prendre : Et ainsi, quand il entreroit de l'Antimoine dans le remede des pauvres, & quand ce seroit de l'Antimoine tout pur, personne ne doit craindre d'en prendre, aprés l'exemple du Roy.

4. *Ils disent que les ignorans se mêlent de distribuer les remedes des pauvres ; Et quand l'Antimoine seroit un bon remede, entre les mains des sçavans, qu'il deviendroit un poison entre les mains des ignorans.* Le remede des pauvres n'est donc pas de l'Antimoine, car il reussit entre les mains des ignorans aussi bien qu'entre les mains des sçavans, & encore mieux : car il faut renoncer à toute science Pharmacienne, suivre le livre exactement, & avoir la foy aveugle du Charbonnier ; témoin, que la pluspart de tous ceux qui le distribuent n'ont jamais veu la couverture des livres de Galien ; cette femme entr'autres qui le donne dans l'Hospital de la Ville de Saint Pons, dont est parlé cy-dessus, qui ne sçait ny lire, ny écrire, & qui se fait lire le livre seulement. *Qui vaut le mieux d'un Medecin sçavant & raisonnant, & non guerissant ; ou d'un ignorant, non raisonnant, & guerissant ?*

5. *De dire que les Medecins sçavent la composition de ces remedes pour les pauvres, & qu'on les vend trop cher.* 1. Qu'ils en fassent d'aussi bons, & qu'ils les donnent à meilleur marché, à moins d'un *sou* chaque Medecine. 2. Plusieurs les ont contrefait dans Paris, & ailleurs, & ont offert pour un écu, ce qu'on vend 3. & cela n'a pas reussi à ces faiseurs de fausse monnoye. 4. Plusieurs disent sçavoir la composition du veritable *Orvietan*, & la contrefont ; mais ils ne produisent pas les effets que fait le veritable ; & n'y trouvent pas leur compte faute de debit.

6. *De dire qu'on les a alteré, que ceux que l'on vend à present ne sont pas de la bonté des premiers tant loüez par l'Assemblée Generale du Clergé de France de mille six cent septante.*

On voit le contraire par les Relations des cures cy dessus rapportées de toutes les années depuis ladite Assemblée du Clergé, & mesme de l'année courante 1682. Mais plusieurs prennent ce pretexte, pour n'en point distribuer aux pauvres de crainte qu'on ne leurs demande aussi quelqu'autre aumosne pour aider à les nourrir, ce qui fait que la plus part des demy-charitables, aprés avoir bien commencé, quittent tout ; & cependant la couronne de gloire n'est promise, qu'à ceux qui auront perseveré jusques à la fin. *Non incoantibus, sed perficientibus datur corona.*

Outre cela, les Medecins offrent de rendre l'argent aux conditions marquées dans le page 107. de ce livre, à tous ceux qui se plaindront, que de 100. malades, 90. du moins n'auront pas esté gueris promptement. Qui sont les Medecins Galinistes qui oseroien en faire autant ? Plusieurs qui vont en Carosse, iroient à pied sans sabots.

7. Les ennemis du Remede des Pauvres disent encore *qu'il fait vomir, comme l'Antimoine, & augmente le mal au lieu de le guerir.*

RE'PONSE.

1. Le Remede des Pauvres, n'est donc pas de l'Antimoine ; parce qu'il n'a jamais causé aucun mauvais effet, à ceux mesme qui ont vomi, comme l'attestent tous les Medecins cy dessus nommez, & une infinité d'autres. qui en distribuent depuis 12. à 13. ans.

2. Ils attestent tous, que ceux qui vomissent, sont plutost gueris ; lequel vaut mieux, souffrir la douleur du vomissement pendant un peu de temps, ou languir un mois ou deux, particulierement à l'égard des pauvres gens, pour qui est ce remede qui sont reduits à la mendicité, s'ils sont 4. ou 5. jours sans travailler

3. Un homme gangrenée, souffre qu'on luy coupe bras & jambes, avec d'estranges douleurs pour sauver sa vie. Les femmes ne laissent pas de se marier, & souhaitter des enfans sans craindre les tranchées violentes de l'enfantement.

4. *Enfin, dire que le remede des pauvres n'est que de l'Antimoine, & que pour 5. sous on en purgeroit une armée de 100. mille hommes.* Que les Pharmaciens n'en donnent ils donc, à tant de millions de pauvres, qui perissent faute de remedes, qu'ils ne soulagent pas, & veulent empêcher les charitables de le faire par ce remede. Ils voyront au jour terrible de la mort : Quel sera leur châtiment, s'ils ne changent de conduite. Dieu leur en fasse la grace.

ARTICLE XLVI.

PRIX *des Remedes, en gros, & en détail.*

On vend tout enfemble, ou feparement.
Chaque pafte poidfe une once & demie.

Dans la noire il y a dequoy faire plus de 2. à 300. Medecines.
Dans la blanche 48. ou 50. à raifon de 18. grains pour chacune.
Dans la jaune, pareil nombre.

La Pafte noire coufte   3. livres.
La blanche.   3. l.
La jaune   3. l.
Le Bafton d'Onguent divin.   1. l.
Le Livre & les 9. figures des Bandages.   1. l.
Le Livre pour l'ufage des Remedes.   1. l.
Le Sachet, qui dure un jamais, qui purifie le fang, & nettoye la peau, qui guerit la
  gale, la gratelle, les dartres, & les herefipeles ; qui empefche la generation des
  poux, & guerit le farcin quelquefois.   3. l.
Dequoy faire 3. pintes d'eau, qui eft fouveraine pour guerir les maux des yeux *gratis*,
quand on prend tout le pacquet.

Somme toute.   15. livres.

AVIS.

Qui doit fermer la bouche à ceux qui declament contre ces remedes pour les pauvres.

1. Les Medecins font offre comme il a efté dit, de tendre l'argent à ceux qui fe
plaindront que de 100. pauvres à qui ils en auront donné, 90. du moins n'auront pas
efté gueris promptement; Il faudra raporter ce qui leur reftera des remedes, que l'on
connoiftra les comparant aux veritables; car on les contrefait en divers endroits, com-
il a efté dit. Perfonne n'en a rapporté, quoyqu'il y a long temps qu'on fait ces offres.
Les perfonnes de qualité feront creuës à leur parole. Les inconnuës, fur le certificat
de leurs Curez.

2. *Les falfifiéz fe connoiftront à la couleur du dedans, & à la groffeur, ou pefanteur,*
comme on connoift la fauffe monnoye, car fi elles font du poids jufte des veritables, elles
feront plus groffes, ou plus petites.

AVTRE AVIS.

1. Ceux qui n'auront point d'habitude à Paris, comme il a efté dit, qui voudront
achepter de ces remedes, n'auront qu'a adrefferleur argent au bon Pafteur Libraire
fur le Quay des Auguftins ; qu'à l'Advocat general des pauvres chez M. le Curé de
S. Sulpice.

2. M. *Arnaud*, dans la ruë du Four, proche S. Euftache vend un certain fel, qu'il
dit auffi, eftre fouverain, pour toutes fortes de maladies, particulierement pour les
Efcrouelles, & les humeurs froides. Il fait marché par une fomme en cas de guerifon,
& rien en cas de non guerifon. *Il guerit auffi les defcente de boyau.*

REMEDE PURGATIF QUI CONVERTIT
les Heretiques.

On vient de recevoir cet avis.

1. On n'avoit pas creu jufqu'à prefent, que les remedes pour les pauvres, que le Roy fait donner gratuitement à tous ceux qui en demandent pour les foulager, euffent peu convertir les heretiques.

2. Mais on vient d'apprendre, que le Curé de *Ionfac*, en *Saint-Onge*, qui eft un grand homme de bien, & qui a établi une affemblée politique de la charité dans fa Paroiffe, fuivant les Ordonnaces de nos Roys; voyant 5. à 600 pauvres malades dans fadite Paroiffe, a eu recours aux remedes du Roy; Qu'il a gueri d'abord un grand nombre de Catholiques & d'Heretiques.

3. Qu'une femme ent'autres Huguenotte veuve, riche, & languiffante, luy a dit: *Monfieur le Curé, gueriffez-moy auffi, & je me feray Catholique avec mes enfans;* qu'il l'a guerie, & qu'enfuite, elle a fait abjuration folemnellement, avec fes enfans: Ce qui fait voir, que s'il y avoit de ces Affemblées Politiques de Charité dans toutes le Paroiffes du Royaume, *on gueriroit un nombre inombrable de pauvres gens qui periffent délaiffez, & abandonnez de tout fecours, & qu'on rameneroit beaucoup d'Heretiques par la douceur, & les bien-faits.* Comme en *Canada*, on donne de ces remedes aux fauvages, & on leurs fait promettre que s'ils gueriffent, ils fe convertiront, & la plufpart le font. Par mefme moyen tant de *Miffionnaires dans l'Orient*, & ce faint Evefque *d'Heliopolis* dans les Indes, en convertiffent un tres-grand nombre. L'homme n'a rien de plus cher que la vie, & la fanté, comme dit S. *Chryfoftome* fur ce fujet.

4. C'eftoit la pratique de la Primitive Eglife, comme on voit dans l'hiftoire Sainte, & dans l'Apologetique de *Tertulien*, qui difoit qu'on ne pouvoit accufer les Chétiens de fon temps, finon qu'ils affiftoient liberalement tous leurs pauvres, & tous ceux-mefme, des Payens qui avoient recours à eux.

5. On le voit encore dans la quarante-troifiéme Lettre de l'*Empereur Iulien l'Apoftat* à fes Pontifes, pour rétablir le culte des faux Dieux, il leur difoit: *Les Chreftiens ne fe font établis, ne fe maintiennent, & ne s'augmentent, que par leur charité; pour les détruire, il faut que les Payens foient plus charitables qu'eux, & que vous en donniez l'exemple, &c.* Le premier Concile de Cartage remercia l'Empereur, de cequ'il avoit ramené la plus-part des *Donatiftes*, par fes liberalitez.

6. A Paris, *le Frere Ange Capucin*, au Faux-Bourg S. Jacques donne des remedes aux pauvres gens qui ont recours à luy de toutes parts; *le Frere portier de l'Oratoire de S. Honoré*, le fait auffi, *& le Frere René Apotiquaire des Miffionnaires de S. Lazare*, dont les remedes font auffi excellens. Plufieurs autres le font, Medecins, & non Medecins, qu'on a nommé ailleurs. Madame *Malet*, entr'autres, les Demoifelles d'Auvergne, & beaucoup d'autres, dont il eft parlé dans le Livre des Remedes.

F I N.